Persona y
Calidad
Sostenida

PERSONA Y CALIDAD SOSTENIDA

Principios, experiencias y prácticas

JOSÉ RAFAEL SANTANA ZEVADA

METEPEC, ESTADO DE MÉXICO, MÉXICO.
AGOSTO DE 2013

Para realizar pedidos de este libro, contacte con:
Palibrio LLC
1663 Liberty Drive
Suite 200
Bloomington, IN 47403
Gratis desde EE. UU. al 877.407.5847
Gratis desde México al 01.800.288.2243
Gratis desde España al 900.866.949
Desde otro país al +1.812.671.9757
Fax: 01.812.355.1576
ventas@palibrio.com
493505

Agradecimientos:

Mis padres:
Herlinda y Rafael.

Mi esposa:
María del Rocío.

Mis hijos:
Rocío, Adriana y Rafael.

Mis Hermanos:
Rafael, Carmita, Luis, Rosi, Ricardo, Irma, Victor, Gerardo, Yusina y Chema.

Mis amigos:
Roberto, Mario y Julio.

Índice

Presentación 9

Introducción 11

Lo primero en la intención, es lo último en la ejecución. .17

Capacidad de la dirección para comprometerse y
capacidad para generar compromiso en los
colaboradores. 32

Clima laboral satisfactorio en lo referente a
condiciones de trabajo y motivador en cuanto
al contenido del mismo. 54

Existencia y dominio de procedimientos
así como productos originados por éstos, sus
características y requisitos. 69

Claridad de capacidades requeridas en cada uno de los
puestos de la organización así como nivel de dominio
de los colaboradores en cada habilidad y planes de
desarrollo y/o perfeccionamiento. 81

Trabajo en equipo como filosofía de trabajo en la
organización en la que se privilegie a la
colaboración por encima de la competencia. 100

Alineamiento a la contribución en todas las
actividades de la organización 114

Las dimensiones del cubo 129

Anexos 137

Referencias 153

PRESENTACIÓN

En la reunión en la que el autor me presentó el modelo de Calidad Sostenida con la finalidad de mejorar los resultados que se obtenían del sistema de calidad en mi organización, consideré que la tarea a emprender se constituía en una faena difícil y todo un reto en su planteamiento.

Una vez que hemos trabajado en dicho modelo, puedo afirmar que resultó ser sencillo, permitió que los esfuerzos realizados manifestaran resultados efectivos para todos los que participamos en él.

En mi experiencia he encontrado muy pocos trabajos que traten este tema desde la perspectiva de la persona y que muestren su aplicación en campo, dentro de los grupos e infraestructura y sobre todo, en el corazón de los colaboradores que integran la organización.

El propósito fue lograr que los estándares de calidad, sus manifestaciones, fueran sostenidos en el tiempo, partiendo del compromiso desde quienes tenemos la responsabilidad de dirección, hasta quienes aplican los procedimientos que sirven de base para apuntar a la mejora.

Con la perspectiva de haber vivido el establecimiento del modelo, puedo afirmar que la aplicación del mismo posibilita que los colaboradores (todos) adquieran un nuevo nivel de compromiso, de comunicación; y que palabras que ya utilizábamos alcancen un significado vivo: la colaboración como una forma de vida en el trabajo, la interdependencia significativa en la cual el trabajo se orienta a cumplirse para quien lo necesita, la individualización de objetivos como la forma de hacer clara la contribución a metas superiores, el consejo como una expresión para que quienes me rodean sean mejores y con ello mejorar yo, aprender, y con la expresión aplicada en vida de estas palabras, ver el trabajo de manera plena.

Pienso que el momento clave del proceso sucede cuando se logra involucrar a los colaboradores, cuando se comprende la realidad que se está viviendo en la organización y el papel que cada uno juega en alcanzar la visión que se ha compartido, cuando se sabe que cada función va a manifestar su resultado con el cliente y su satisfacción, haciendo realidad el cumplimiento y logro de los objetivos de los equipos y de las personas; se genera una reacción, no de careta, sino una asertiva, generosa y valiente forjando el cambio, la acción que debe aparecer siempre. Entre otros, el aprendizaje en la priorización y análisis de problemas dio sentido y eficacia en la acción.

Estamos enfrascados en continuar con los esfuerzos, el creer en las personas y trasmitirlo de tal forma que ellos, (nosotros) se sientan, sean libres de proponer, crear, innovar en forma constante para este logro maravilloso de la "Persona y Calidad Sostenida".

Sin persona comprometida y bien orientada no hay calidad que se sostenga.

Julio Camones
Presidente de la Asociación de Egresados de CAME, Perú.
Gerente de postventa en Maquinarias, S.A. Perú.
Lima, Perú.
Agosto de 2013.

INTRODUCCIÓN

Cuando un ejecutivo responsable de los indicadores de satisfacción del cliente para América Latina de una empresa mundial me sugirió trabajar con algunas empresas acerca de la problemática del sostenimiento de la calidad (así le llamamos originalmente) inició para mí un proceso de investigación, reflexión y acciones que gracias a la aplicación y resultados obtenidos en la práctica, que ahora integro en el documento que les presento.

Aunque mi incursión en el tema ya era asunto mayor a diez años de actividad, el enfoque de calidad, al menos para mí, resultó novedoso: **¿Cómo hacer para que los resultados que tiene una empresa gracias al desarrollo de un sistema de calidad y su consecuente certificación se reflejen de manera continua en la operación cotidiana de la organización a través de: sus resultados financieros, la satisfacción de los clientes, el cumplimiento eficiente y eficaz de sus procesos y el desarrollo de las personas que integran la organización?.**

La experiencia de muchas empresas (no todas) ya certificadas y que desplegaron todo género de recursos para ello, apuntaban en sentido contrario, los resultados eran mediocres en algunos casos y en otros francamente desastrosos. ¿Cuál era la diferencia de éstas respecto de las que tenían un éxito en su sistema de calidad y los resultados?

La parcialidad en las primeras contra la totalidad en las segundas. Explico: en las primeras toman el proceso de certificación como una actividad aislada e independiente de las demás actividades en la organización, su aspiración es el certificado. Las segundas hacen vida la calidad y la constituyen como el eje rector de toda la actividad. Unas hacen del proceso un rito en el que lo que importa es la forma, no el fondo, de tal manera que lo importante para ellas es "pasar" las auditorías, para el auditor lo importante es "ver" las evidencias.

Los organismos certificadores avalan la publicidad de la certificación en planas completas de diarios anunciando que tal empresa alcanzó la certificación bajo la norma tal y, por eso se han convertido en un proveedor confiable; en ninguna plana he visto empresas que pierdan su certificado ¿sucede? y que por ésta razón se alerte a los consumidores acerca del riesgo que implica seguir adquiriendo sus productos y/o servicios. Seguramente cuando se tiene la obligación de presentar el certificado la consecuencia es patente.

En las comunidades de personas que hacen de la calidad "la vida" de la organización, la calidad lo es todo. Tener los mejores insumos posibles, no sólo materiales, diseñar e instrumentar los procesos óptimos y entregar el producto y/o servicio al cliente. Sin que sea una declaración explícita ven a la calidad como la manifestación de las personas que participan en los procesos, están convencidos que los estándares de calidad son una promesa y esa conlleva la responsabilidad de cumplirla. Consideran que la calidad florece en ambientes propicios y por ello buscan establecerlos; saben que todos los esfuerzos suman y que en tanto estén bien orientados darán el resultado esperado.

Gracias a la observación de unas y otras y a la reflexión relativa a su accionar he definido lo que podríamos llamar: "Los soportes de la calidad sostenida", término que expresa, creo, lo que busca quien quiere, no tanto ser considerada, sino ser una empresa de calidad.

El planteamiento no es "desecha todo y vuelve a construir", mas bien es analiza, explora, revisa, vuelve a mirar a tu organización, su comportamiento, los hábitos que ahí se manifiestan, evalúa lo que resulta de ello y dale un nuevo enfoque de ser necesario o, si se considera de esta manera, da fortaleza sólo a algunos detalles que cambiarían la vida de tu empresa.

El proceso de calidad sostenida no genera certificación, genera conciencia, compromiso, responsabilidad, trabajo conjunto y alineamiento.

Para facilitar el desarrollo y explicación del documento en cuestión, por razones didácticas, he separado cada uno de los soportes de la calidad, pero no perdamos de vista que todos ellos actúan de manera interdependiente y relacionada, pretender que con sólo uno de los aspectos que abordaremos se sostendrá la calidad resulta ser una pérdida de orientación en el concepto planteado. Todos inciden de manera radical en el objeto.

Con excepción del primer apartado en el que desarrollo un planteamiento acotado del asunto y del último, en el que integro las reflexiones y conclusiones de los apartados centrales, he tratado de manejar una estructura similar en cada uno de ellos, sin que sea una camisa de once varas, que apoye la comprensión de cada uno de los soportes y que facilite la aplicación de los conceptos, entonces, la estructura básica es:

- Principios: Desarrollo de conceptos base acerca del soporte de calidad a describir y reflexión sobre el impacto o consecuencias del mismo en la empresa.
- Experiencias: Resultados de la aplicación de herramientas utilizadas con diversas empresas con la finalidad de identificar las áreas de oportunidad de mayor significancia en el objeto de nuestro estudio.
- Prácticas: Sugerencia temática de reflexión acerca de la empresa del lector que le permita visualizar realidades de su organización y posibles aplicaciones, están descritas para realizarse de manera colaborativa y con enfoque al acuerdo.
- Resumen: Ideas y conceptos centrales del apartado.

Estoy consciente de que muchas de las ideas expresadas se derivan del conocimiento de autores, asistencia a clases, seminarios y conferencias, así como pláticas acompañadas de un buen café en las que se descubre lo verdaderamente novedoso, aquí integro esas ideas, experiencias y reflexiones.

José Rafael Santana Zevada

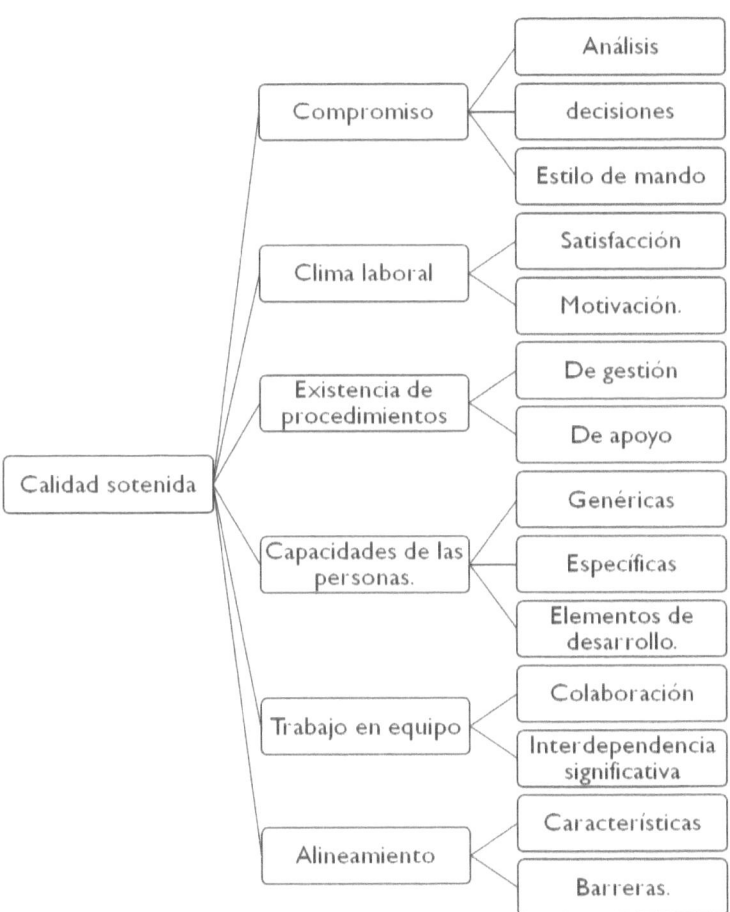

Cuadro Sinóptico

LO PRIMERO EN LA INTENCIÓN, ES LO ÚLTIMO EN LA EJECUCIÓN[1].

En la actualidad la normalización[2] o estandarización es el principal objetivo de los sistemas de calidad, se trata de asegurar el nivel de prestación y características de los productos y servicios que ofrecen las organizaciones a sus clientes, gracias a ello, quienes los recibimos, en principio, podemos contar con la seguridad de un estándar igual o similar al menos en diversos aspectos del bien o la prestación del servicio adquirido, entre ellos:

· Los materiales utilizados.
· La información aplicada.
· Los procedimientos desarrollados.
· La durabilidad prometida.
· La capacidad y la habilidad prometidas.

---

[1]   Santo Tomás de Aquino, Suma Teológica. El sentido que he dado a esta frase se refiere a la intencionalidad necesaria que debe existir en el desarrollo de las actividades humanas, sean objetivos concretos o desarrollo de proyectos, la primera pregunta se refiere a lo que se espera lograr una vez realizadas todas las actividades y puesto en juego los recursos necesarios para cumplirlo.

[2]   Se refiere a la redacción, aprobación, difusión e implementación de normas que se establecen para la calidad (el cumplimiento de características y requisitos) de los elementos fabricados, la seguridad de funcionamiento y/o los servicios otorgados.

- Las condiciones en las que puede ser utilizada.
- etc.

También para quien proporciona dichos productos y servicios la normalización aporta ciertos beneficios, por ejemplo:

- Trabajo estandarizado.
- Repetibilidad y trazabilidad de los procesos.
- Optimización de recursos.
- Transferibilidad de los procedimientos.
- etc.

Se logra con esto desarrollar satisfactores de alto impacto para sus clientes y de gran productividad, rentabilidad y prestigio para la organización, además de generar diversos fenómenos de exigencia y fidelización en los usuarios.

La normalización actualmente es un requerimiento indispensable para participar en las economías del primer mundo ya que se requiere demostrar el cumplimiento de los estándares prometidos (materiales, información, procedimientos, etc.) para garantizar la calidad de productos y servicios al mercado de los consumidores.

El estándar (la norma) que en la actualidad es más utilizada es la ISO 9000 (por sus siglas en inglés: International Standard Organization), avalada por la organización mundial del mismo nombre en la cual se encuentran representados cuerpos nacionales colegiados de normalización (cuerpos de los países miembros del ISO) y cuyo objetivo es preparar y establecer los estándares internacionales de normalización realizados a partir de estudios de los comités técnicos, participan más de 91 países.

Una gran cantidad de organizaciones que buscan el certificado de cumplimiento con dicho estándar y con ello acceder a mercados exigentes, mejorar su productividad y hacerse más rentables, cubren un proceso que contiene en términos generales los siguientes pasos (imagen 1):

Imagen 1: proceso de certificación

La inversión que se debe realizar es fuerte, sin embargo, se verá compensada por los beneficios que posiblemente acarreará consigo y que hemos mencionado anteriormente.

Cabe alcarar que la norma ISO 9000 es una norma entre muchas otras, nos referimos de manera más extensa a ella ya que es la que tiene mayor difusión en la actualidad, además, otras organizaciones optan por desarrollar su propio estándar y emplearlo en el desarrollo de sus propias operaciones sin que se busque una certificación oficial, sino aplicarla como referente detro de sus propios procesos tanto en su cumplimiento como en el diseño operativo.

Sea cual fuere la norma en cuestión, el director, una vez que se ha embarcado en el desarrollo de este proceso, tiene la expectativa (imagen 2) de múltiples mejoras en la organización: ventas, costos, satisfacción del cliente, desarrollo de mercados, desarrollo de nuevos productos, etc.

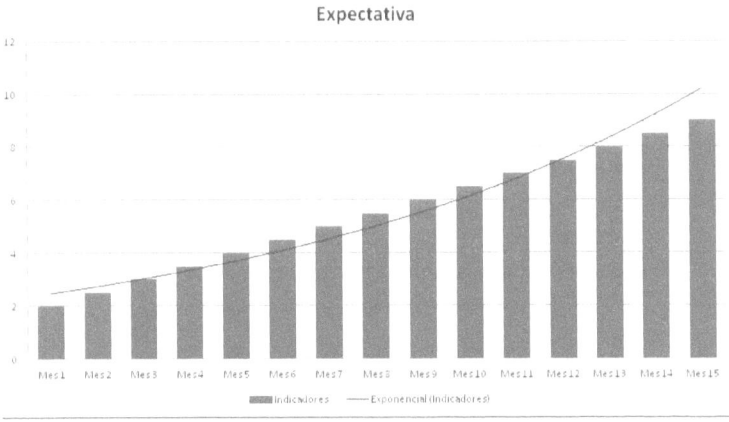

Imagen 2: Expectativa de resultados totales después de la certificación

Y al amparo de dicha expectativa la empresa se ha comprometido en esta tarea en la cual se invertirán una gran cantidad de recursos de todo tipo, materiales, tecnológicos y humanos en un período nada despreciable; el rostro de la organización se verá modificado y nunca volverá a ser el mismo, posiblemente los resultados sean diferentes a los esperados pero la autopercepción respecto a su orientación cambiará radicalmente.

Señalo ahora algunas manifestaciones esperadas una vez terminado el proceso inicial de certificación (el proceso se convierte en permanente):

1. Generar mejora en los indicadores estratégicos de la organización.

2. Orientar de manera permanente a los colaboradores a trabajar con calidad.

3. Asegurar un desempeño estable y con tendencia a la mejora.

4. Personas y departamentos contribuyendo.

5. Asegurar la realización del trabajo como está documentado.

6. Conocer y analizar los resultados.

7. Percepción de la diferencia por parte del cliente.

8. Evaluación del sistema de calidad permanente.

9. Cambios para reducir errores y mejorar, registrados e incorporados de manera permanente a los procedimientos.

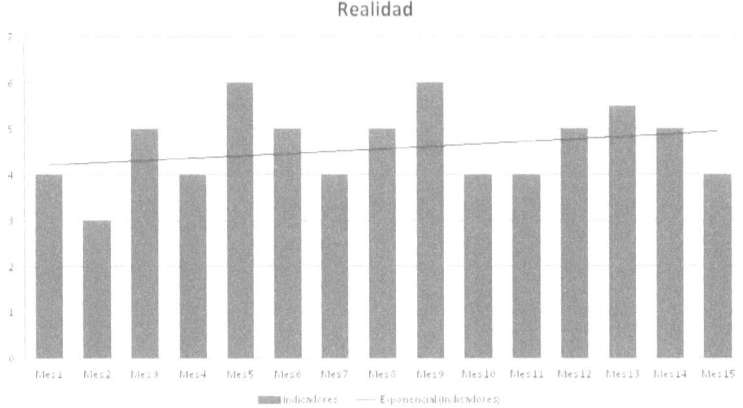

Imagen 3. Desempeño real después de la certificación

Esto es lo que se espera, una organización creciente, dinámica y orientada a grandes resultados:

- Proporcionar satisfactores a necesidades de sus clientes.
- Generar Valor Económico Agregado.
- Desarrollar la capacidad de sus colaboradores.
- Permanecer en el mercado.[3]

Desgraciadamente una gran cantidad de organizaciones que se certifican no encuentran lo que hemos mencionado líneas arriba, en cambio ven en su comportamiento algo muy alejado a la expectativa (Imagen 3) planteada originalmente, el desempeño, a manera de ejemplo se parece más al gráfico indicado.

El comportamiento manifestado por la organizacón se muestra por debajo de las expectativas planteadas en prácticamente todos los indicadores, el trabajo para conseguir el certificado de calidad

---

[3]   Las finalidades genéricas que señalamos están tomadas del libro "Análisis de la acción directiva" Carlos Llano Cifuentes, editorial Limusa.

ha dado un fruto: la certificación, pero ha fallado en todos los demás aspectos.

Las manifestaciones que se dan en la realidad son con frecuencia las siguientes:

1. Los resultados no reflejan el esfuerzo realizado.

2. Los colaboradores sólo se preocupan cuando viene la auditoría.

3. Desempeño muy variable, altas y bajas.

4. Cada quien trabaja por su cuenta, buscando su propio resultado.

5. El trabajo realizado difiere de los procedimientos establecidos (vacíos y trabajos repetidos).

6. Sólo se preocupan los directivos.

7. El cliente no percibe la diferencia de la certificación.

8. Se invierte mucho tiempo en preparar "la auditoría".

9. Los problemas y errores se repiten continuamente.

La dirección está comprometida, se realizó una correcta difusión, se documentaron los procedimientos, se realizaron suficientes auditorías, se desarrolló la auditoría externa y se cerraron los hallazgos y las observaciones, entonces, ¿porqué sucede esto con frecuencia?.

La respuesta no está en el proceso de certificación que en sí puede contener todos los requerimientos para la certificación de cumplimiento, sino en las personas que participaron en el mismo y que les falta una o varias características necesarias para no solamente llevar a la empresa, no solamente a una certificación, y eventualmente a establecer estándares personales sólidos de calidad como resultado de las acciones derivadas de su compromiso con las metas de la organización.

De hecho nuestro planteamiento es: **la calidad en los productos y servicios es la manifestación de la calidad de las personas que participan en los procesos.**

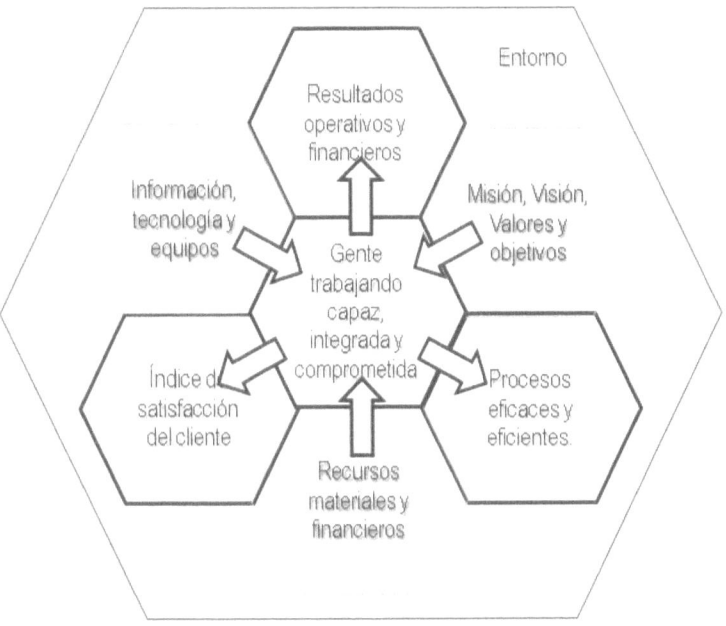

Imagen 4: Modelo de gestión

- Bajo esta consideración pensamos que las organizaciones procesan los insumos y entregan los resultados bajo el siguiente modelo presentado en la Imagen 4.
- Los insumos necesarios en toda organización: Misión clara, Visión compartida, valores compartidos y objetivos alineados, junto con los recursos materiales necesarios y los financieros e información pertinente, tecnología aplicada y equipos adecuados…

- Son entregados a las personas que trabajan en la empresa aplicando sus capacidades de manera integrada y comprometida con la organización...
- Quienes, a su vez, los procesan y entregan productos y servicios en términos de resultados operativos y financieros, aplicación de procesos eficientes (se hace lo que se debe hacer) y eficaces (se aprovechan los recursos) logrando satisfacer las necesidades del cliente.

Dicho de otra manera, son las personas quienes logran los estándares de calidad cuando ellas están comprometidas con los mismos de manera personal.

Es necesario que, cuando nos embarquemos en una aventura de este tipo, tener en cuenta lo anterior, so pena de desarrollar un proceso desprovisto de las bases necesarias para que perdure en el tiempo y reporte beneficios más allá de la certificación de cumplimiento manifestada en un diploma expuesto en el muro más vistoso de la organización, pero sin que ello refleje la realidad de la empresa respecto de la calidad en el momento, en el mejor de los casos, ya que en otros muchos se verá como una contradicción con la realidad que vive el cliente cuando interacciona con nuestra organización, con las personas de nuestra organización.

Los soportes de la calidad:

El presente continuo de la calidad está fincado en la libre voluntad de las personas de mantener y mejorar los resultados de la organización como una manifestación individual de ser mejores cada uno de ellos. Una organización, las personas que la integran, que pretenda mantener la calidad, tiene que desarrollar estos soportes en su actuación cotidiana, en su forma de operar, los mencionamos a continuación:

1. Capacidad de la dirección para comprometerse y para generar compromiso en los colaboradores.

2. Clima laboral satisfactorio en lo referente a condiciones de trabajo y motivador en cuanto al contenido del mismo.

3. Existencia y dominio de los procedimientos así como los productos originados por éstos, sus características y requisitos.

4. Claridad de capacidades requeridas en cada uno de los puestos de la organización así como nivel de dominio de los colaboradores en cada capacidad y planes de desarrollo y/o perfeccionamiento.

5. Trabajo en equipo como filosofía de trabajo en la organización en la que se privilegie a la colaboración por encima de la competencia y de la interdependencia sobre el aislamiento.

6. Alineamiento a la contribución en todas las actividades de la organización.

Por supuesto, estas características actúan sobre un sistema de calidad y la eficacia de ellas presupone la existencia del mismo, le imprime distancia y profundidad perfeccionando la certificación de cumplimiento, imprimiendo vida de la calidad en todas las actividades de la empresa.

Para identificar el desempeño de las empresas en cada uno de estos soportes, se aplicaron herramientas de autodiagnóstico y formatos de registro de entrevistas a los colaboradores de las empresas, se presentan en el anexo correspondiente, en cada apartado se indicarán las que fueron aplicadas, sus resultados promedio y la reflexión de los directivos y colaboradores al respecto.

En la sucesivas líneas estaremos reflexionando acerca de estas características, su planteamiento, el efecto en el sistema, los esquemas de trabajo y la aplicación práctica derivada de ellas, sin que se pretenda ser exhaustivo, buscaremos clarificar de manera concisa.

Práctica

Para la realización del siguiente ejercicio, recomiendo la presencia de los responsables de la dirección a primer nivel.

1. Redefinición del concepto de calidad:

    a. Reúnete con colegas y/o colaboradores cercanos, te recomendamos bloquear dos horas sin interrupciones, fuera teléfonos, localizadores y computadoras.

    b. Provee a todos los participantes de hojas en blanco y bolígrafos, plumas o lápices.

    c. Invítalos a contestar la siguiente pregunta: ¿Qué es la calidad para ellos? Da tiempo para que desarrollen su idea de manera personal y escrita, cinco minutos serán suficientes.

    d. Al finalizar pídeles que cada uno diga su definición, anota cada una de ellas en una hoja de rotafolio o pizarra, sin ninguna excepción.

    e. Identifica las coincidencias y diferencias significativas e invita al grupo a establecer la definición de calidad tratando de aprovechar el análisis previo.

    f. Escribe la nueva definición y confirma con los participantes su acuerdo con ella, si existiera alguna diferencia, repite el ejercicio hasta que se tenga una definición concertada que comprometa a todos.

    g. Rescata la definición en un documento, "Para nosotros la calidad es…." que será el primer punto de la declaración de calidad de la empresa.

El objetivo de esta primera parte es iniciar el proceso para establecer conceptos significativos para todos los participantes y fincar las bases del compromiso con ellos, si no contamos con él y se tiene una perspectiva diversa del mismo, es posible que los esfuerzos estén tan dispersos como el concepto, el unificarlo cimienta el proceso.

a. Solicita nuevamente a los participantes trabajar nuevamente en las hojas, ahora con la pregunta: ¿Qué resultados para cada uno, para cada departamento y para la empresa se esperan de un sistema de calidad?, permite que desarrollen sus ideas de manera personal, insiste en que sea un trabajo escrito para rescatar las ideas al momento de la discusión y el consenso.

b. Al finalizar pídeles que cada uno exprese lo que espera del sistema de calidad, anota cada una de ideas y tabúlalas en una hoja de rotafolio o pizarra, sin ninguna excepción.

c. Identifica las coincidencias y diferencias significativas e invita al grupo a establecer las expectativas del sistema en tres aspectos: personales, departamentales y organizacionales, trata de aprovechar el trabajo previo.

d. Confirma con los participantes su acuerdo con ellas, si existiera alguna diferencia, repite el ejercicio hasta que se tengan las expectativas del sistema de calidad concertadas y que comprometa a todos.

e. Rescata la definición en un documento, "Nosotros esperamos que al desarrollar un sistema de calidad se obtenga como resultado en las personas… en los departamentos… en la organización…" Que a su vez se integrará a la declaración de calidad de la organización.

La definición de calidad es un buen avance, todos hablamos de lo mismo, sin embargo es posible que no encarne de manera suficiente lo que esperamos al trabajar en su desarrollo, identificar las expectativas y declararlas, da dirección y sentido al trabajo que se desarrollará y los beneficios que se obtendrán del esfuerzo realizado. Consolida el compromiso porque se espera una dedicación a obtener lo que YO espero. Ya dejamos de cumplir y ahora nos enfocamos en lograr lo que nos proponemos de manera libre.

Es muy importante ser crítico en este momento, lo que esperemos guiará nuestra actuación al respecto, de tal manera que si lo que espero es solamente lograr la certificación, pasar la auditoría, recertificarnos, eso solamente obtendremos.

a. Continuemos entonces con la siguiente cuestión: de acuerdo con lo anterior, ¿Cuál sería la visión de la empresa tomando en cuenta: las necesidades que vocacionalmente cubre al cliente, el valor económico agregado que genera, las capacidades de las personas que la integran y la permanencia en el mercado?

b. Al finalizar pídeles que cada uno exprese la visión que redactaron, anota cada una de ideas, establece coincidencias y diferencias significativas e invita al grupo a determinar la visión de la empresa.

c. Confirma con los participantes su acuerdo con ella, si existiera alguna diferencia, repite el ejercicio hasta que se tenga una visión concertada y que comprometa a todos.

d. Rescata la definición en un documento "Nuestra visión de la empresa es…." y también intégrala a la declaración de calidad de la organización.

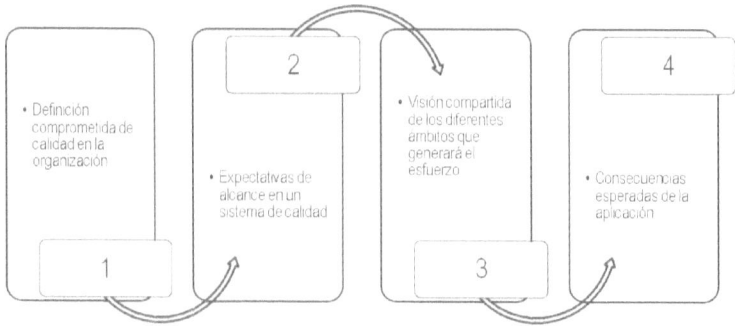

Imagen 5. Entregables de práctica de redefinición de concepto de calidad

Este trabajo está previsto para que lo realice, inicialmente, el primer nivel de la organización, aunque recomiendo que una vez realizado se dé a conocer y a toda la organización a manera top-down solicitando que cada grupo exprese las consecuencias de la declaración de calidad de la organización en cada una de las funciones y departamentos.

Tendríamos, como producto de este trabajo los entregables señalados en la imagen 5.

Éstos serían un buen principio, pondríamos sobre la mesa algo a lograr, no sólo algo a trabajar sin tener a la vista, en el horizonte, el resultado de todas las acciones y actividades que le serán demandadas a la organización y a sus integrantes.

Resumen:

• La normalización de procedimientos busca asegurar la prestación y características de los productos y servicios que ofrecen las organizaciones a sus clientes.

• Lo que se espera lograr una vez certificada la empresa es:

  o Generar mejora en los indicadores estratégicos de la organización. Orientar de manera permanente a los colaboradores a trabajar con calidad. Asegurar un desempeño estable y con tendencia a la mejora. Personas y departamentos contribuyendo. Asegurar la realización del trabajo como está documentado. Conocer y analizar los resultados. Percepción de la diferencia por parte del cliente. Evaluación del sistema de calidad permanente. Cambios para reducir errores y mejorar, registrarlos e incorporarlos de manera permanente a los procedimientos.

- Con frecuencia sucede que en las empresas que se certifican:

    o Los resultados no reflejan el esfuerzo realizado. Los colaboradores sólo se preocupan cuando viene la auditoría. Desempeño muy variable, altas y bajas. Cada quien trabaja por su cuenta sin alinearse. El trabajo realizado difiere de los procedimientos establecidos. Sólo se preocupan los directivos. El cliente no percibe la diferencia de la certificación. Se invierte mucho tiempo en preparar "la auditoría". Los problemas y errores se repiten continuamente.

Los soportes o elementos de la calidad sostenida son:

1. Capacidad de la dirección para comprometerse y para generar el compromiso en los colaboradores

2. Clima laboral satisfactorio en lo referente a condiciones de trabajo y motivador en cuanto al contenido del mismo.

3. Existencia y dominio de procedimientos así como productos originados por éstos, sus características y requisitos.

4. Claridad de capacidades requeridas en cada uno de los puestos de la organización así como nivel de dominio de los colaboradores en cada capacidad y planes de desarrollo y/o perfeccionamiento.

5. Trabajo en equipo como filosofía de trabajo en la organización en la que se privilegie a la colaboración por encima de la competencia.

6. Alineamiento a la contribución en todas las actividades de la organización.

CAPACIDAD DE LA DIRECCIÓN PARA COMPROMETERSE Y CAPACIDAD PARA GENERAR CAPACIDAD PARA EL COMPROMISO EN LOS COLABORADORES.[4]

Principios:

Las características que distinguen al directivo eficaz son: la capacidad de análisis, la capacidad de toma de decisiones y la capacidad de mando[5].

---

[4] Para el desarrollo de esta sección se aplicaron las herramientas 1 y 2 señaladas en el anexo que se presenta adelante, participaron 65 directivos de 12 empresas latinoamericanas, los resultados se presentan a manera de gráficos durante el desarrollo y muestran las diferencias respecto al objetivo a cubrir en cada rubro como porcentaje: cumplimiento respecto del 100%.

[5] Carlos Llano Cifuentes manifiesta que "el núcleo de la dirección" es "la interrelación, el ensamble de todos los aspectos dándoles unidad coherente...", "el proceso de toma de decisiones"... "el mando de Hombres". La enseñanza de la dirección y el método del caso. Instituto Panamericano de Alta Dirección de Empresa. 1998

- Mediante la *capacidad de análisis* desarrolla la comprensión del mundo propio y el circundante, es capaz de comprender el universo que le rodea y, con ello, ser consistente con esa realidad, llamar "al pan, pan y al vino, vino"[6] ya que de ahí partirá su quehacer directivo, comprender los elementos, fenómenos y situaciones en los que se ve imbuido de manera cotidiana y establecer las relaciones y razones que existen detrás de la mera apariencia, separar las situaciones en sus componentes para facilitar su comprensión.

- Esta capacidad, se refiere al cuestionamiento y respuesta estructurados, a renunciar respetuosamente a la apariencia y al caos supuesto con que la realidad nos presenta su información y establecer constantes, diferencias, tendencias, etc. que proporcionen una mayor comprensión de ella, sus antecedentes y consecuentes. Una estructura básica para esta actividad resulta una herramienta útil para generar hábitos relativos al cuestionamiento y la respuesta.

- Podemos identificar diferentes metodologías para el análisis que, sin ser la esencia de la actividad mencionada, son de gran utilidad para generar los hábitos y su eficacia dependerá del objeto que se pretende analizar, por ejemplo ante una realidad que mantiene una frecuencia determinada y periódica de hechos y fenómenos (manufactura, ventas masivas, etc.) utilizar estructuras analíticas como las publicadas por Kepner&Tregoe en el "Nuevo Ejecutivo Racional" resultaría muy adecuado, no así cuando se trata de identificar hechos y fenómenos únicos relacionados y con cierta causalidad entre sí, para ello sería de mayor utilidad aplicar la metodología del caso que maneja la secuencia de enfoque, hechos pertinentes y problemas relacionados con los hechos identificados, esta metodología es ampliamente utilizada en las escuelas de negocios alrededor de mundo. La

---

[6] Expresión que indica que a las cosas se les debe llamar por su nombre.

calidad de la información derivada del análisis será antecedente en la calidad de las decisiones.

- Dicha capacidad de análisis es el fundamento para una adecuada *toma de decisiones*, misma que no solamente debe ser libre, sino consistente con la realidad comprendida; dicha comprensión de las situaciones aproxima al directivo a la realidad y le permite profundizar en ella no de manera total sino limitada por las propias características de las personas, y esa limitación, causante de la incertidumbre, hace posible la toma de decisiones, no decido ante lo que me resulta totalmente cierto, ahí no ha nada que decidir, decido ante lo que representa lo incierto o sujeto de duda tomando el riesgo reportado desde mi análisis y midiendo las posibilidades de éxito. La decisión implica posibilidad de equivocación, un buen conocimiento (no absoluto) de la realidad proporciona cierta seguridad y reduce las posibilidades de yerro.

- Tomar una decisión es determinarse, es la resolución que se toma o se da en un asunto dudoso. Cuando estamos ante una decisión tenemos al menos dos posibilidades de acción ante nosotros y que cualquiera de las dos nos podría llevar al resultado deseado sin que tengamos la certeza de cuál es la que nos reporta mayores beneficios.
- El proceso de decisiones, entonces, supone varios pasos previos a la decisión misma, es algo que se construye de manera sistemática cuando pretendemos hacerlo con acierto. Como ya hemos mencionado, el antecedente es el análisis de la información y, con ello, la identificación de lo que queremos lograr, el objetivo, vale señalar que un objetivo en esta situación deberá contener al menos los siguientes elementos: qué se quiere lograr, cuánto se quiere lograr y cuándo se quiere lograr, como podemos observar las palabras querer y lograr son las constantes.
- Nunca hay una sola forma de lograr un objetivo, es necesario que el directivo y sus colaboradores tengan el hábito de identificar todas las formas posibles de llegar al resultado (Imagen 6), es decir, que identifiquen las opciones, la mayor cantidad posible, así estaremos en

posibilidades de elegir aquella o aquellas que faciliten el logro y que permitan el compromiso. Si sólo tenemos una forma de llegar a los resultados, entonces no hay decisión y por lo tanto, tampoco compromiso, sino mera obligación circunstanciada.

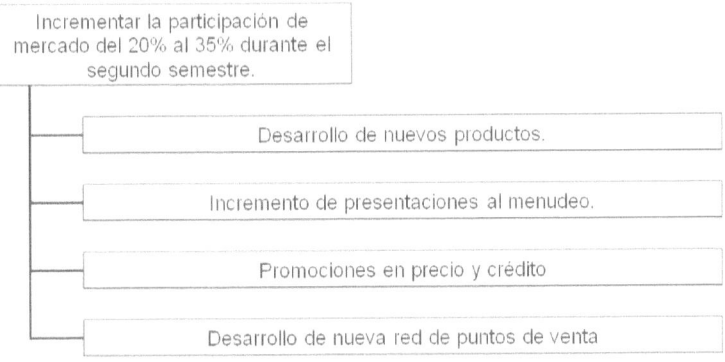

Imagen 6. Generación de opciones de acción

- ¿Cuál de las opciones es la que se debe elegir? La respuesta inicial a esta pregunta siempre será: aquella con la que realmente puedas comprometerte, ya que ese simple hecho proporcionará la energía necesaria en tiempo y distancia para su logro, nadie lucha por lo que no quiere.
- Existen además algunas técnicas que pueden ser útiles para clarificar la bondad de las opciones de decisión y que permiten un razonamiento común entre quienes son partícipes del proceso de toma de decisiones:
- ¿Qué factores se deben considerar para tomar una decisión? Resultan muy variados y todos obedecen a las razones que quien decide tiene para ello. El costo, el tiempo, la aceptación de la decisión, la seguridad, el respeto al medio ambiente, etc. son algunos de los más utilizados, aunque la lista se podrá incrementar o reducir dependiendo del asunto, complejidad, situación de la organización o sus miembros, etc., no todas las razones inciden de la misma manera ni en la misma cantidad en las decisiones, por lo que se deberá ser claro al señalar

su influencia en las mismas, por ejemplo: una empresa con dificultades financieras pondrá el factor costo en primer lugar, en tanto que para una organización orientada a intereses ecológicos, el tema de respeto al medio ambiente será el de mayor importancia. Nuestra recomendación es ponderarlos una vez indicados, otorgando más valor al de mayor importancia y el de menor valor al factor que resulte de esa manera.

• Ejemplo:

Objetivo: Incremento de ventas en un 20% respecto del anterior ejercicio	Peso
Aspecto	3 (Medio alto impacto)
Seguridad	4 (Alto impacto)
Costo	4
Posibilidad de aceptación	2 (Medio bajo impacto)
Recursos adicionales	3
Acceso a recursos	3
Impacto en medio ambiente	4

Tabla 1

• Toda vez que tenemos las opciones para tomar una decisión y los factores relativos ponderados, será necesario comparar cada una de las opciones respecto de los factores y "calificar" el posible desempeño en cada uno de ellos, nuestra recomendación es que se le dé calificación mayor a la o las alternativas que tienen un desempeño óptimo y baja calificación a las de muy bajo desempeño, por ejemplo, una opción de bajo costo será de alta calificación y una opción de alto costo será de baja calificación. (4= óptima, 1= pésima)[7] y multiplicarlo por el valor del factor analizado (Tabla 2).

Objetivo: Incremento de ventas accesorios en un 20% respecto del anterior ejercicio	Opciones / Peso	1	2	3	4	5
Aspecto	4	3 / 12	2 / 8	1 / 4	2 / 8	4 / 16
Seguridad	4	3 / 12	2 / 8	1 / 4	2 / 8	4 / 16
Costo	4	1 / 4	3 / 12	1 / 4	2 / 8	2 / 8
Posibilidad de aceptación	2	2 / 4	3 / 6	2 / 4	4 / 8	4 / 8
Recursos adicionales	3	2 / 6	3 / 9	2 / 6	1 / 3	1 / 3
Acceso a recursos	3	4 / 12	4 / 12	4 / 12	2 / 6	2 / 6
Impacto en medio ambiente	4	4 / 16	2 / 8	4 / 8	3 / 12	3 / 12
Total		44	55	38	45	53

Tabla 2

---

[7] Se ha tomado como manejo la escala par como una manera de evitar la falta de compromiso al momento de calificar.

- En el presente ejemplo la alternativa 2 es la que presenta mayor puntaje, y posiblemente es la que mejores resultados dé, pero es importante señalar que estos ejercicios resultan únicamente orientadores y no necesariamente fatales en la decisión a tomar.

- Los colaboradores, si se busca que estén motivados para conseguir los efectos que se pretenden, deben estar también comprometidos, es decir, deben haber decidido y hacerse responsables de los resultados que su trabajo aporta a los resultados generales, entonces, no será suficiente que exista un la declaración de un objetivo general esperado, será necesario que cada colaborador decida cual será su contribución, dicho de otra manera, se trata de que cada uno de ellos tenga objetivos personalizados, en los que, por su actuación, resulte responsable del éxito o fracaso de los mismos, sólo de esta manera se romperá con la rutina e indiferencia que en muchos casos vemos en la empresa actual.

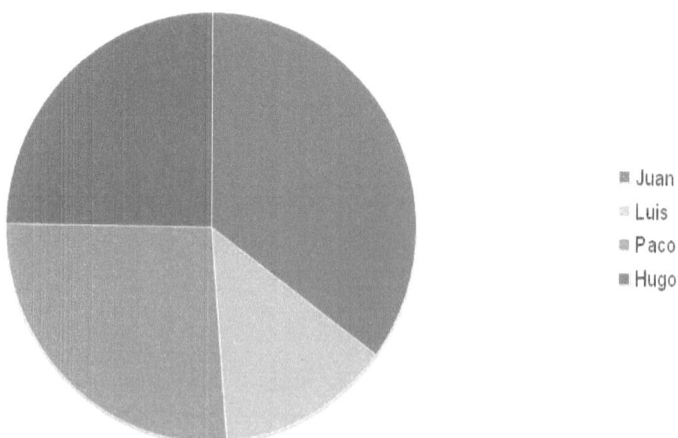

Imagen 7: Distribución de la contribución

- La forma en que seremos capaces de generar compromiso es permitiendo que, una vez manifestado el objetivo general a perseguir, invitar a cada colaborador a señalar en qué proporción o cantidad será contribuidor. Esta práctica puede resultar difícil y ardua cuando no se ha vivido de manera constante en las organizaciones, cuando es una forma de vida, se convierte en el aportador de voluntad más importante de la organización.

- Entre Juan, Luis, Pedro y Hugo se reparte el compromiso de manera proporcional de la meta de ventas de la dirección de producción (Imagen 7).

  - Siempre estamos tomando decisiones, hablar con un colaborador, convocar a una junta, ir por una ruta entre un lugar u otro, comer en cierto lugar o elegir los alimentos son decisiones que no requieren posiblemente de un análisis profundo sin que por ello no me haga responsable de ellas, son decisiones que tomo en función del aprendizaje al que estoy sometido de manera cotidiana y que no me exigen mayor dificultad normalmente.
  - Son las decisiones de fondo, de alto impacto, de generación de cambio profundo las que debo someter a un escrutinio y reflexión con una intensidad tal que me permitan aprovechar el uso de las potencialidades que como persona tenemos, la razón y la voluntad.

- Quien dirige lo hace con personas y las lleva consigo a los resultados, estableciendo un proceso de análisis y toma de decisiones de dos formas posibles: desarrollando las acciones que se derivan de la comprensión y decisión tomada o estableciendo mecanismos de contribución voluntaria de los dirigidos en los cuales estén comprometidos, no sólo en hacer, sino en el querer aportar aquello que resulte contributorio. La primera opción implica obediencia y el mérito está en obedecer, la segunda implica libre compromiso y su mérito está en querer. El directivo que se ve rodeado de seguidores obedientes será el único responsable del resultado, el que se rodea de libres compartirá el resultado final y por ello la responsabilidad. La característica a la que nos referimos es la **Capacidad de mando** por la cual se dirige a las personas.

- La capacidad de mando requiere que el directivo sea capaz de desarrollar la flexibilidad en su estilo de dirección, ya sea que requiera instruir, clarificar, comprometer o delegar a cada uno de sus colaboradores, dependiendo de la situación a la que se enfrente. Más adelante desarrollaremos este concepto que tiene importancia toral en lo referente al mando de personas.

- Si pretendemos trabajar con calidad, la capacidad de comprometerse y generar compromiso en los colaboradores y colegas es el punto de arranque para lograrlo como un continuo en el tiempo, como una fortaleza en la que fundamenta el nivel a lograr dentro de la organización. Gente que quiere llegar siempre al resultado. Conviene determinar cuáles son las fortalezas y debilidades de la organización en este aspecto y de acuerdo con ello establecer las acciones para aprovechar las fortalezas detectadas y las debilidades encontradas.

Protocolo[8]

Hemos desarrollado un protocolo de investigación que tiene por finalidad establecer las acciones para mejorar sin que se pretenda otorgar calidad de cumplimiento a la organización que lo aplica, insisto, queremos encontrar en qué se debe trabajar para facilitar la especificación de las acciones a implementar referidas a las características en cuestión, no para obtener una calificación aprobatoria.

---

[8] El protocolo se refiere al conjunto de información requerida para establecer un diagnóstico objetivo, en la medida de lo posible, acerca de los soportes de la calidad, su aplicación se realiza por medio de cuestionarios individuales y aplicación de entrevistas relativas a cada uno de los soportes mencionados. Cada uno de ellos tiene designadas sus "herramientas" (adjuntas en el anexo) de acopio de información y fueron desarrolladas de tal manera que permitan la tabulación de resultados para su posterior análisis.

En lo aplicable a capacidad para el compromiso y desarrollo de la capacidad de compromiso en los otros, los indicadores a investigar al interior de la organización son los siguientes:

Imagen 8: Conductas de estilo de mando

- **Flexibilidad de estilo de mando:** la forma en que interactuamos con los colegas y colaboradores produce resultados positivos, si es adecuada al tomar en cuenta las particularidades del momento en que se da, negativos, si es inadecuada y no despliega la forma en que debería ser aplicada. Cada momento de relación tiene una motivación a lograr y el directivo debe atender esto cuando se establece, las principales orientaciones de la conducta del estilo de mando las consideramos bajo la siguiente separación: instrucción, clarificación o práctica, apoyo y delegación[9]. La investigación referida nos debe dar claridad de cuales son los excesos y/o defectos

---

[9] Paul Hersey en su obra "El líder situacional" señala la orientación de dos conductas del líder: hacia la tarea y hacia las relaciones, las conductas de mando resultan una suerte de combinación de dichas orientaciones.

en el manejo de estilo de mando del directivo y, con ello, establecer acciones orientadas a la flexibilización señalada.

- Estilo de mando:

  o En la presente gráfica (Imagen 8) podemos observar excesiva conducta hacia la instrucción, que la gente obedezca, y baja tendencia hacia la delegación, lo que dificulta el compromiso de los colaboradores.

  o Esta herramienta la he aplicado también fuera del protocolo y los resultados, al menos en Latinoamérica[10] son similares, estamos más orientados al control, la razón posiblemente es la improvisación con que se manejan las empresas y la poca confianza en los colaboradores.

La retroalimentación al directivo respecto de estos resultados proporciona conciencia de la situación relacionada con la tendencia del estilo de mando que maneja y lo posibilita a tomar acciones inmediatas, se trata de ser flexible, no de cambiar lo esencial de la persona "no hay diamantes falsos: sólo vidrios verdaderos"[11].

Una tendencia a nivel organización sugerirá acciones de conjunto y prácticas a nivel institucional que impulsen lo señalado líneas arriba.

La flexibilización de estilo de mando por parte del directivo no es un ejercicio que de por sí mejore la condición mencionada, es necesario que se reúnan condiciones relativas a: *la planeación, el*

---

[10] Se ha aplicado en Colombia, Ecuador, Perú y México.
[11] LLANO, C. Y MARTINEZ SAENZ, S.: El Trabajo; estudio publicado en Guadalajara 1985. Hace hincapié en la necesidad de que la persona se manifieste de forma auténtica

dominio de la función y a la capacidad de delegación para que dicho ejercicio sea auténticamente eficaz.

• Planeación: Claridad de misión, visión y contribución a objetivos del departamento o empresa, objetivos a corto, mediano y largo plazo, estándares de desempeño claros y aceptados y presupuestos de producción, ventas e insumos detallados. Es claro que si no tenemos a dónde ir, los pasos que demos nos llevarán a cualquier parte… o a ninguna.

• Dominio de la función: Conocimiento de los procesos y dominio de los productos específicos del departamento o área. El conocimiento proporciona la capacidad diagnóstico de la situación y con ello la posibilidad de establecer acciones.

• Capacidad de delegación: Espacio para la toma de decisiones, sistema de reconocimientos a esfuerzos y resultados y mejora continua como enfoque del trabajo. El tener previsto los espacios en que otros pueden tomar decisiones cuando se requiera hace posible el comprometerse, "aplicar la ley del efecto", decirle a la gente bien cuando hace las cosas bien, y mal cuando hace las cosas mal, facilita el aprendizaje que finalmente es el mejor legado para la persona en el trabajo, ser mejor.

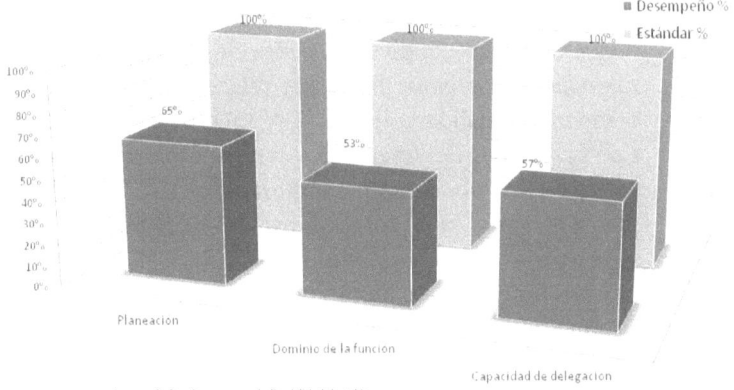

Imagen 9: Condiciones para la flexibilidad de estilo.

o La aplicación de la herramienta se realiza en entrevistas y se busca información que confirme o niegue la existencia de las condiciones para flexibilizar el estilo de mando del directivo, los resultados manifestados se manejan de manera proporcional al 100% de la posibilidad de evaluación, no se introduce ponderación relativa, por lo que los resultados se expresan en términos absolutos (Imagen 9).

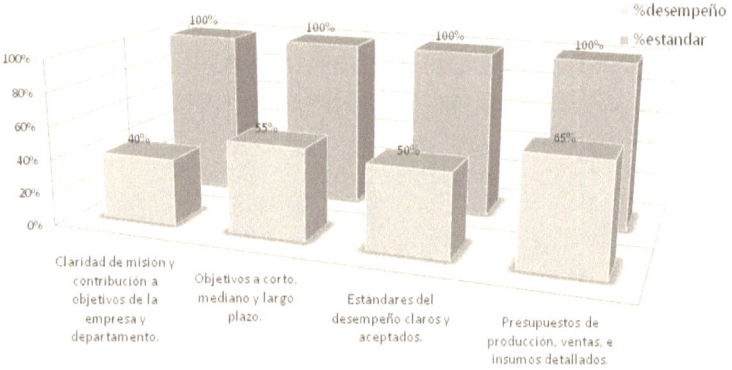

Imagen 10: Componentes del nivel de planeación

• En términos generales se observa en las empresas planeación independiente entre los diferentes departamentos que no obedecen a la búsqueda de contribución dentro de la organización.

• Los objetivos están trazados de forma anual y, en el mejor de los casos, divididos entre los doce meses, en la mayoría de los casos no existe relación con fenómenos como estacionalidad, demanda de mercado, etc.

• Los estándares de desempeño aunque existen de manera básica, no se da ninguna importancia a su aceptación, se observa un bajo compromiso y se requiere de alta supervisión para su cumplimiento.

• Existen presupuestos de producción y ventas pero la falta de detalle en la previsión de insumos indirectos influye en la verificación constante de las necesidades lo que impide la delegación (imagen 10).

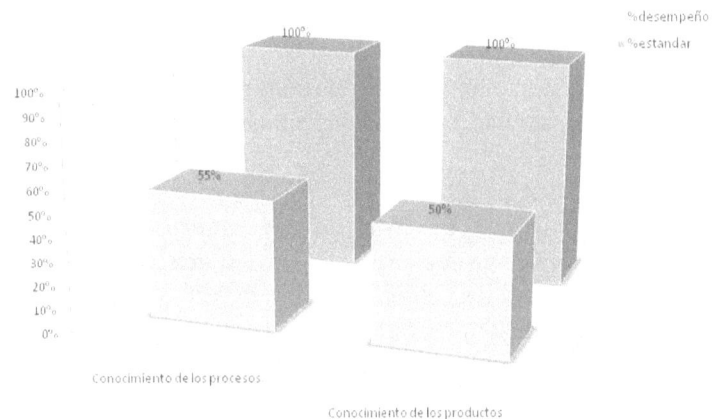

Imagen 11: Componentes de dominio de la función

- Aunque existen documentos de procesos en prácticamente toda la organización éstos no son completos, no se dominan y no se aplican como están descritos.
- En su mayor parte se conocen de manera general, lo que produce la propia función y/o departamento, no de las otras funciones y/o departamentos aunque sean requeridos y utilizados en el desempeño del trabajo e incidan en los resultados del mismo (imagen 11).

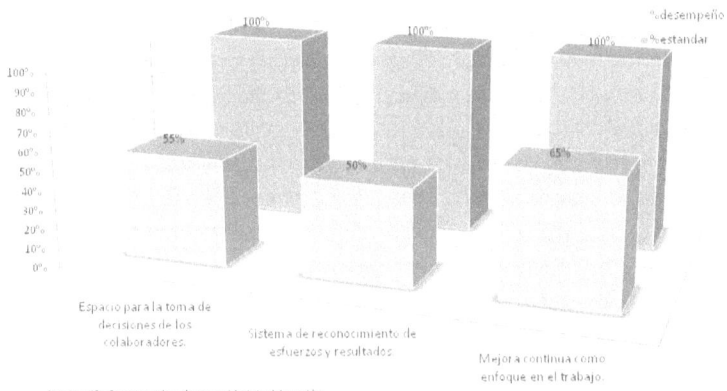

Imagen 12: Componentes de capacidad de delegación

- La práctica más común es "toma las decisiones que se requieran, antes de llevarlas a cabo avísame". Evidentemente es un espacio muy reducido para asegurar el auténtico compromiso de los colaboradores y/o colegas.

- En términos generales no existe el reconocimiento a esfuerzos.
- La mejora continua, al no promoverse el compromiso de los colaboradores es prácticamente inexistente (imagen 12).

Como podemos observar en los gráficos anteriores, la aplicación del protocolo resulta una suerte de objetivación estandarizada de indicadores relativos a la capacidad de compromiso del directivo y la capacidad de generar compromiso en sus colaboradores y colegas, lo cual nos permite analizar los fenómenos que se están viviendo en la organización, establecer relaciones, coincidencias y diferencias y, en último término, establecer acciones para la mejora de los mismos.

Hemos presentado las consideraciones del primer factor de calidad sostenida de manera aislada, insisto en que, en la organización, los seis factores que mencionamos de manera inicial: *la capacidad de la dirección para comprometerse y para generar capacidad de los colaboradores para el compromiso, el clima laboral satisfactorio en lo referente a condiciones de trabajo y motivador en cuanto al contenido del mismo, la existencia y dominio de procedimientos así como productos originados por éstos, sus características y requisitos, la claridad de habilidades requeridas en cada uno de los puestos de la empresa, así como nivel de dominio de los colaboradores en cada habilidad y planes de desarrollo y/o perfeccionamiento, el trabajo en equipo como filosofía de trabajo, en la que se privilegie a la colaboración por encima de la competencia y el alineamiento a la contribución en todas las actividades de la organización*, suceden de manera simultánea e interdependiente y como tales deben ser tratados, al término de la presentación de los mismos estaremos en posibilidad de presentar acciones conjuntas que podría tomar la organización para el crecimiento y la calidad sostenida. Baste ahora señalar que sin capacidad para comprometerse, cualquier esfuerzo será vano, hará falta la visión de la meta y por eso será una sinrazón esforzarse por el logro y sobre todo por el sostenimiento.

Prácticas:

La consideración de la existencia o no de esta condición surge de reconocer la propia actuación y las consecuencias de ella en los colegas y colaboradores, por lo que le pediremos que tome una hora de su tiempo para reflexionar al respecto y escriba con la estructura que le venga mejor la respuesta y reparos que considere durante el tiempo de reflexión; dado que es un trabajo de carácter estrictamente personal, lo invito a manifestarse con la mayor transparencia; esto le ayudará, en un segundo paso, a identificar los cambios necesarios en este aspecto.

1. Capacidad de análisis (mente de hielo): ante situaciones que generan incertidumbre a las que me enfrento de manera habitual:

    a. ¿Cuál es mi forma de analizar?

    b. ¿Cómo desarrollo ese análisis?

    c. ¿A qué fuentes acudo?

    d. ¿Qué resultados he obtenido de esto en el pasado?

2. Capacidad de decisión (corazón de fuego): al establecer el derrotero que se debe tomar ante una situación ante la cual se hará responsable de los resultados:

    a. ¿Qué tomo en cuenta?

    b. ¿Me apoyo en experiencias anteriores de manera total?

    c. ¿Busco nuevas y diferentes formas de solucionar el problema?

    d. ¿Busco soluciones ya experimentadas por otros y las aplico de manera directa?

    e.   ¿Asumo que los resultados serán mi responsabilidad?

    f.   ¿Solicito el apoyo de un especialista?

3. Mando (brazos de hierro): cuando las dos situaciones anteriores (análisis y decisiones), se dan de manera relacionada con colaboradores o colegas:

    a.   ¿Qué parte de la relación con ellos considero que se debe tomar en cuenta?

    b.   ¿Cuál es el papel que deben desempeñar en el análisis y la decisión?

    c.   ¿Qué carga de responsabilidad les otorgo a ellos en los resultados?

    d.   ¿Cómo los integro en este proceso?

4. Estilo de mando (brazos de hierro): por el trabajo que desempeño debo ejercer mi mando con las personas que integran mi departamento o función y considero que:

    a.   ¿Su trabajo es recibir las instrucciones y obedecer?

    b.   ¿Les permito clarificar lo recibido y practicar, con la posibilidad de equivocarse, las instrucciones?

    c.   ¿Hacer el trabajo que saben hacer aún cuando éste no les guste o les satisfaga?

    d.   ¿Ellos son los responsables del trabajo que desarrollan y los resultados que obtienen?

5. Planeación: en el determinar el futuro deseado de mi departamento o empresa, qué características tienen los siguientes elementos:

a. Misión, visión y valores.

b. Objetivos generales, claros y confesables.

c. Estándares de desempeño (eficiencia) claros y aceptados.

d. Presupuestos de resultados (finanzas, clientes, procesos y tiempo) detallados.

6. Respecto del dominio de su función:

a. ¿Conoce completamente los procedimientos de los cuáles es responsable?

b. ¿Conoce los productos, y sus características, derivados del trabajo realizado en su departamento o empresa?

7. Capacidad de delegación: bajo el concepto de la delegación como el asumir la capacidad de responsabilidad y respuesta de mis colaboradores:

a. ¿Tengo claro y promuevo un "espacio" para que ellos puedan tomar decisiones?

b. ¿Existe y aplico un sistema de reconocimiento a los esfuerzos y resultados de ellos?

c. ¿Manifiesto y aplico en mi departamento el principio de la mejora continua como política de trabajo?

Las respuestas a las preguntas anteriores de por sí representan una fuente de beneficios en este rubro, usted ya tiene conciencia de la situación al respecto y, por esta razón, seguramente podrá decidirse a realizar algunos cambios, los que impactan con mayor profundidad su trabajo directivo.

Regrese sobre las preguntas y sus respuestas, trate de identificar las causas y determine por dónde iniciar, propóngase un objetivo y trace el itinerario que deberá cubrir para cumplirlo. Un objetivo sin plan, es únicamente un buen propósito y de ellos están llenos los fracasos.

Una forma que podría facilitarlo es la que describo a continuación:

1. Describe de manera detallada tu visión de los cambios que deseas realizar, ¿cuáles son los cambios?, ¿en qué te ayudarán a mejorar?, ¿cómo consideras que se manifestarán?, en fin, descríbelo de tal manera que resulte un verdadero reto, que te aporte las mejoras respecto del aspecto que hemos revisado en este apartado.

2. Describe cuatro o cinco objetivos concretos a lograr y que concreten la visión que especificaste a lograr en 365 días

3. Indica para la próxima semana las victorias que quieres lograr.

4. Realiza un bloqueo de tiempo, determina cuándo, en qué momento te concentrarás en estos aspectos.

5. Revisa semanalmente los avances y repite el proceso.

El anterior ejercicio puede tener dos aplicaciones, *la primera* es realizarlo solo y establecer compromisos individuales consigo mismo, darle seguimiento y retroalimentar el proceso, *la segunda* consiste en integrar grupos de análisis y reflexión de la temática tratada y, de manera estructurada, buscar consensos, acuerdos de acción entre los participantes, darle seguimiento repitiendo el proceso cada vez que sea necesario (cuando se perciben resultados). El arranque de esta segunda modalidad sugiere la participación de un tercero desinteresado para coordinar las sesiones de trabajo, evitar sesgos en las conclusiones y acotar los acuerdos.

El producto de la reflexión en este caso lo podríamos describir de la siguiente manera (Imagen 13):

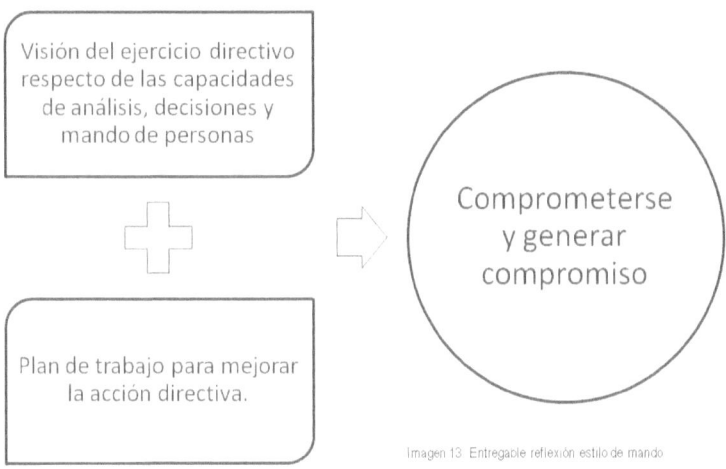

Visión del ejercicio directivo respecto de las capacidades de análisis, decisiones y mando de personas

Plan de trabajo para mejorar la acción directiva.

Comprometerse y generar compromiso

Imagen 13. Entregable reflexión estilo de mando

Retomar la deliberación continuada de la acción directiva es un ejercicio valioso para toda la organización.

Resumen:

• Las características que distinguen al directivo eficaz son: la capacidad de análisis, la capacidad de toma de decisiones y la capacidad de mando.

• La metodología de análisis no es la esencia de la actividad, sino herramientas, son de gran utilidad para generar los hábitos y su eficacia dependerá del objeto que se pretende analizar, ante una realidad que mantiene una frecuencia determinada y periódica de hechos y fenómenos utilizar estructuras analíticas, Kepner&Tregoe en el "Nuevo Ejecutivo Racional" resultaría muy adecuado no así cuando se trata de identificar hechos y fenómenos únicos relacionados y con cierta causalidad entre sí, para ello sería de mayor utilidad aplicar la metodología del caso.

- Nunca hay una sola forma de lograr un objetivo, es necesario identificar todas las formas posibles de llegar al resultado, así estaremos en posibilidades de elegir aquella o aquellas que faciliten el logro y que permitan el compromiso.
- Es necesario identificar los factores que pueden influir en las decisiones de manera clara.
- Los colaboradores, motivados para conseguir los resultados que se pretenden, están comprometidos con la contribución.
- Son las decisiones de fondo, de alto impacto, de generación de cambio profundo las que debo someter a un escrutinio y reflexión con una intensidad tal que me permitan aprovechar el uso de las potencialidades que como persona tenemos, la razón y la voluntad.
- Flexibilidad de estilo de mando: las principales orientaciones de la conducta del estilo de mando las consideramos bajo la siguiente separación: instrucción, clarificación o práctica, apoyo y delegación.
- La flexibilización de estilo de mando por parte del directivo debe reunir las siguientes condiciones: la planeación, el dominio de la función y a la capacidad de delegación.

  o Planeación: Determinación y establecimiento de objetivos, medios, acciones y responsables de la operación dentro de la empresa.

  o Dominio de la función: Capacidad de la dirección acerca de la función específica de las personas y/o departamentos de los que es responsable y de los resultados que se deben obtener.

o Capacidad de delegación: Previsión de los aspectos y áreas en los que los colaboradores podrán tomar decisiones, forma de reconocimiento e impulso a la mejora.

CLIMA LABORAL SATISFACTORIO EN LO REFERENTE A CONDICIONES DE TRABAJO Y MOTIVADOR EN CUANTO AL CONTENIDO DEL MISMO[12].

Principios:

El clima que se respira en la organización resulta ser, a manera de ejemplo, el cúmulo de las características del receptáculo que sirve para preservar y aprovechar las virtudes de ciertos elementos que, en otras condiciones, desfavorables, se perderían. La organización contiene ciertas características humanas, físicas, tecnológicas, de información, etc. que favorecen o entorpecen la actividad de la persona, su desempeño y sus logros, al conjunto de éstas y a la opinión cuantificada de los colaboradores le llamamos Clima Laboral.

---

[12] Para desarrollar este apartado se aplicó la herramienta 3 a los colaboradores de manera simultánea en cada empresa, por escrito y anónima, los resultados, manifestados entre la calificación 1 (completamente en desacuerdo) hasta la calificación 4 (completamente de acuerdo) los cuantificamos en términos de porcentaje.

Establecer parámetros de medición periódica resulta un ejercicio provechoso para mantener claridad respecto de la opinión que se tiene dentro de la organización acerca de la misma y, con esa claridad, establecer acciones orientadas a la corrección y mejora de aquellos aspectos que podrían estar afectando de manera negativa el impulso de los colaboradores y los equipos de trabajo al logro de los resultados y, también, aprovechar las fortalezas que identifican, potenciándolas para su beneficio.

Frederick Irving Herzberg' (1923 - 2000)[13], uno de los psicólogos más influyentes en la gestión de las empresas durante la segunda mitad del siglo veinte, desarrolló las teorías del enriquecimiento laboral y la de la motivación e higiene, hemos aprovechado su perspectiva para desarrollar una herramienta de investigación de clima laboral, separando sin dejar de relacionar, los aspectos del trabajo que inciden en la satisfacción y los que afectan la motivación de los colaboradores en cualquier lugar o nivel de la empresa.

Considera que las personas resultan afectadas fundamentalmente por dos factores:

- La *satisfacción* vista como el resultado de los *factores de motivación*. Dichos factores ayudan a aumentar la satisfacción de la persona.
- La *insatisfacción* es principalmente el resultado de los factores de higiene. Su déficit causa insatisfacción, solucionarlos tiene un efecto de corto plazo.
- Además presenta los siguientes rubros relacionados con los factores antes mencionados:

a) Factores de higiene

- Sueldo y beneficios, Política de la empresa y su organización, Relaciones con los compañeros de trabajo.

---

[13] La obra a la que nos referimos es **"One More Time, How Do You Motivate Employees?"** *'Frederick Irving Herzberg.'*

Ambiente físico, Supervisión, Status, Seguridad laboral, Crecimiento, Madurez, Consolidación.

b) Factores de motivación

• Logros, Reconocimiento, Independencia laboral, Responsabilidad, Promoción.

He trasladado estas dos dimensiones al desarrollo de la herramienta de medición y diagnóstico de Clima Laboral, la dimensión de satisfacción y la dimensión de motivación.

• La primera obedece a factores externos al individuo y en los que la organización lleva la principal responsabilidad, ya que depende de ella proporcionar los elementos para que exista una buena percepción.

• La segunda, la motivación, depende más de la persona y es ella quien deberá accionar, buscar, elegir, etc. para comprender la trascendencia de su participación y desarrollar lo que resulte necesario en el desempeño de su trabajo, para que éste resulte retador y dador de un sentido del mismo.

La satisfacción es extrínseca y se puede actuar desde el exterior de la persona para mejorar la percepción que se tenga de ella, la motivación es intrínseca y es la propia persona quien debe desarrollarla (Imagen 14).

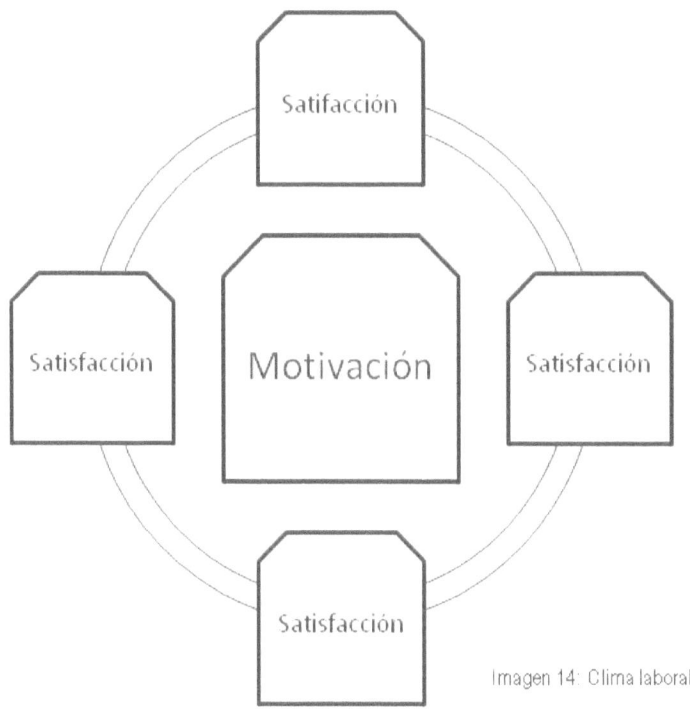

Imagen 14: Clima laboral

Protocolo:

Presento a ustedes los factores de clima laboral que se encuestan para conocer las oportunidades o debilidades del mismo, su aplicación se realiza mediante un cuestionario cerrado en el que básicamente se solicita la respuesta en dos dimensiones: a) grado de importancia relativa de cada pregunta en los aspectos de satisfacción o motivación (se otorga el número 1 a la más importante y se numeran de manera consecutiva) y b) grado de acuerdo en cada una de las preguntas (desde totalmente de acuerdo hasta totalmente en desacuerdo)[14].

---

[14] En este caso también he trabajado con una escala par que obliga al encuestado a inclinarse de manera comprometida en sentido favorable o desfavorable en la encuesta.

Aspectos de la satisfacción:

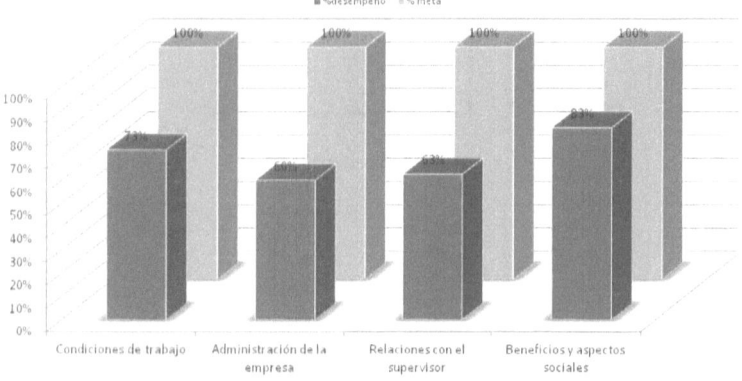

Imagen 16: Aspectos relacionados con la satisfacción, clima laboral

Condiciones de trabajo:

- El lugar de trabajo asignado.
- Los equipos con que se cuenta para realizar el trabajo.
- Las herramientas proporcionadas por la empresa.
- Las condiciones en que se encuentran las instalaciones sanitarias.
- Las condiciones en que se encuentran los vestidores y/o compartimentos personales.
- Las condiciones en que se encuentran las áreas en que se consumen alimentos.

Es evidente que las anteriores preguntas buscan identificar los aspectos físicos o materiales que se pueden mejorar para que los colaboradores estén "satisfechos" en el espacio que utilizan y los elementos con que cuentan en él. Aunque no es el factor primordial, elimina distractores cuando funciona adecuadamente y resulta "ruidoso", provoca desenfoque, cuando se percibe como inadecuado.

Administración de la empresa:

- Claridad con la que se me ha comunicado la misión y visión de la empresa y los objetivos de mi departamento.
- La información que recibo acerca de los resultados y la forma que yo participo en ellos.

Información, saber de dónde se está partiendo y a dónde se pretende llegar, resulta un referente necesario en el trabajo diario, las organizaciones que proporcionan adecuadamente esto, proporcionan seguridad en los colaboradores ya que tienen claridad de dirección en su actividad cotidiana, dan un "marcador" que permite eliminar la rutina.

Relaciones con el directivo.

- La frecuencia con que me comunico con él.
- La información que recibo acerca de mi trabajo.
- El apoyo que manifiesta para solucionar mis problemas de trabajo.
- El consejo que recibo de él para mejorar.

La empresa es una comunidad de personas[15] y la relación entre directivo y colaboradores es la relación más intensa que existe en ella, da forma y objetiva la relación con los participantes en el trabajo, permite al colaborador el intercambio de ideas, opiniones y sentimientos acerca de la organización, sus políticas, filosofía e impacto en la comunidad, la ausencia o falla en este aspecto deja a la persona desprovista de su principal vía de comunicación y crecimiento.

Beneficios y aspectos sociales:

- El paquete de prestaciones adicionales al sueldo.

---

[15] Relativo a este concepto recomiendo el artículo ¿Empresarios postmodernos? de Carlos Llano Cifuentes, publicado en el número 267 de la revista ISTMO.

- Las actividades sociales adicionales al trabajo que promueve la organización.

Los beneficios y aspectos sociales proporcionan una sensación de "ventaja" por pertenecer a la organización, generan fidelidad cuando son desarrollados adecuadamente y se les da una correcta difusión y aplicación. La tendencia actual de las organizaciones en la búsqueda de soluciones para deshacerse de la "carga laboral" tendrá consecuencias negativas en el futuro, *si la empresa no piensa en mi bien, yo no tengo porqué entregar lo mejor de mí*, las posibilidades de fidelización y lealtad se reducen.

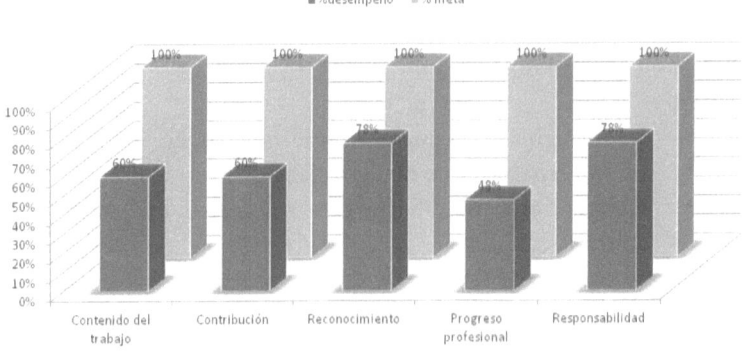

Imagen 15: Aspectos relacionados con la motivación, clima laboral

Por otra parte, las actividades sociales adicionales proporcionan la posibilidad de estrechar lazos e integrar a personas del entorno a la organización incrementando la identidad, "…en esta empresa no sólo trabajo y me pagan, en ella participan mis familiares y amigos…".

Resultados de satisfacción (Imagen 15).

- Los resultados que menor calificación obtuvieron fueron: Progreso profesional, Contenido del trabajo y contribución; las personas no perciben el trabajo como algo que los haga crecer profesionalmente, lo que hacen no es satisfactorio y no creen que sus resultados realmente sean contributorios.

Aspectos de la motivación.

Contenido del trabajo

- Los trabajos que me toca realizar.
- La sensación de que cada vez hago las cosas mejor.
- El actualizarme constantemente en el trabajo que desempeño.

El gusto, satisfacción en y por lo que se hace, es un ingrediente para comprometerse con ello, diríamos que es una cuestión vocacional, resulta muy difícil que alguien a quien no le gusta su trabajo obtenga de él algo más que salario a cambio de horas de trabajo, la persona debe preguntarse si el trabajo que realiza es su misión, tiene que descubrir en qué lo enriquece, en qué lo hace mejor al final del camino, cada uno le da el carácter individual al trabajo realizado, independientemente de los límites y procedimientos establecidos en el mismo.

Contribución.

- La forma en que estamos relacionados los diferentes compañeros y departamentos.
- La forma en que mis resultados contribuyen a la organización.

Querer el bien de los otros y manifestarlo en hechos, respetar a los demás, saber que mi trabajo es para quien lo necesita y entregárselo, son indicadores de excelentes relaciones entre compañeros y departamentos que, vale decirlo, convierten a la comunidad de personas que es la empresa en un campo propicio para amistad. Por otra parte, saber cuál es mi contribución da sentido a la cotidianidad.

Reconocimiento.

- La utilidad que tiene el trabajo que realizo.
- La retroalimentación oportuna que recibo acerca de mis resultados.

El reconocimiento no sólo es la felicitación (lo lo incluye), es información que permite al colaborador dimensionar el impacto de su trabajo en el universo de la organización y la contribución a resultados. Una organización en la que la retroalimentación sea una de las formas de vivir la generosidad tiene, en ese hecho, la oportunidad de convertirse, además de la actividad que le es propia, en un campo de desarrollo de las personas.

Progreso profesional:

- Lo seguro que me siento trabajando en esta empresa.
- Los puestos y funciones que puedo desempeñar en esta empresa en el futuro.

La posibilidad real de progreso, de ascender en la organización, de proponer e implementar nuevas formas de trabajo, le da al colaborador un escenario de visión a futuro y crecimiento personal más allá de la rutina diaria, le hace descubrir océanos insospechados.

Responsabilidad:

- Las decisiones que puedo tomar en el desempeño de mis funciones.
- La responsabilidad que tengo de un trabajo oportuno y bien hecho.

Cuando las personas *hacen lo que quieren hacer* en su trabajo y se les respeta, se convierten en responsables de sus actos y los resultados que éstos generan, en cambio, cuando lo que hacen es lo que otro les ordena se desresponsabilizan y lo que resulte de ello será responsabilidad de quién lo ordenó. Es importante conocer la orientación bajo este aspecto, ya que de ahí sabremos si tenemos una organización de personas libres o de alienados, con las consecuencias que esto conlleva.

- Administración de la empresa y relaciones con el supervisor (una resulta de la existencia de la otra, son las áreas de oportunidad).

La encuesta de clima refleja la opinión que tienen los colaboradores acerca de la compañía, esta opinión deberá ser contrastada con aspectos objetivos de la organización, ya que como resultado podría generarse un cambio en la información hacia los colaboradores o bien, cambios o mejoras en las instalaciones, dirección de personas, políticas, etc. que reflejen una oportunidad objetiva de desarrollo.

La aportación que se pretende con el manejo de los resultados de la encuesta tiene al menos tres manifestaciones: tomar acciones inmediatas (corregir de inmediato aquello que lo requiere por su gravedad o urgencia), tomar acciones a orientadas a modificar la percepción en el mediano plazo (establecer planes de acción que nos lleven a lograr un nuevo estatus de desempeño) y desarrollar acciones orientadas a minimizar el impacto de tendencias o fenómenos futuros (ver la tendencia en el futuro y desarrollar planes contingentes).

Hasta ahora he presentado un modelo de clima laboral en el que se toman en cuenta factores originados en el concepto de higiene-motivación de Herzberg y que han sido traducidos, adaptados para conocer la opinión de los colaboradores, se aplica de manera interna y su comparación es básicamente histórica, es decir, resultados de períodos anteriores con el reciente, se pretende establecer la evolución de la percepción en el paso del tiempo y, muy importante, relacionarla con acciones tomadas entre cada período en la organización, o bien, con sucesos del entorno o propios no intencionados que pudiesen afectarla.

Los cambios de localización, la reducción o incremento de personal, la construcción de nuevas instalaciones, la contratación de nuevos colaboradores, etc. son acciones internas seguramente afectarán a favor o en contra.

Las crisis económicas, los cambios tecnológicos, la situación y desarrollo político de la región o el país, los cambios en los niveles educativos, la instalación de nuevas empresas en nuestro entorno, etc. son externos a la organización y tienen una manifestación en la percepción y opinión de los colaboradores.

Existen otras encuestas y con otros indicadores, algunos incluyen aspectos que consideramos innecesarios por lo inútil y banal de los mismos, otros prefieren el manejo de respuestas abiertas aún con la dificultad que entraña su registro y tabulación para su posterior análisis, etc. Podemos decir que lo verdaderamente importante es contar con un instrumento que le permita al directivo, a la organización, "ver" la opinión que se tiene al interior de la institución, sin importar, ahora, otras consideraciones.

En la actualidad ha surgido la modalidad de establecer mediciones comparativas entre empresas, quizá la más popular es la que entrega un diploma de la mejor empresa del mundo para trabajar[16], pero, ¿es posible comparar a las empresas de diferente giro, región, país, etc. bajo un solo rasero?, ya hemos señalado bajo varios aspectos de la importancia vocacional del trabajo, lo que para una persona resulta atractivo en una empresa puede resultar en reacción de franco rechazo para otras, además, la aparición de esos "reconocimientos" desvirtúa la esencia de la medición de la percepción del colaborador, el directivo ya no se preocupa de conocer las debilidades y fortalezas de la organización en este rubro, está preocupado por obtener otra medalla, aunque esta medalla sólo sea el resultado del maquillaje a la hora de la encuesta.

Práctica:

Determinar las áreas de investigación de clima, diseñar una encuesta y aplicarla es un primer paso, para este efecto es posible aprovechar, adaptándola a las características de la organización, la encuesta de clima laboral que ya hemos diseñado y aplicado en múltiples ocasiones y con resultados de información de

---

[16] Great Place to Work® Institute es una empresa global de investigación, asesoría y capacitación que ayuda a las organizaciones a identificar, crear y mantener excelentes lugares de trabajo a través del desarrollo de culturas de Alta Confianza. (propia definición)

alto grado de efectividad para la mejora de percepción de la empresa por parte de los colaboradores. Contiene las siguientes características: (Herramienta 3)

1. Está redactada en términos de tal modo que el colaborador manifiesta su acuerdo o desacuerdo con cada una de las afirmaciones de manera gradada, desde 1, totalmente en desacuerdo; hasta 4, totalmente de acuerdo.

2. Existe la posibilidad de establecer preferencias relativas a cada aspecto encuestado de acuerdo con cada colaborador.

3. Distingue factores relativos a la satisfacción (aspectos extrínsecos a la persona) de factores relativos a la motivación (factores intrínsecos).

4. Es anónima, lo que promueve la franqueza de las opiniones.

5. Su estructura de información permite realizar cortes de acuerdo con las necesidades de información de la empresa: por puestos, por departamentos, por niveles, por antigüedad, etc.

La aplicación es una fase que se debe cuidar, recomiendo que se realice de la siguiente manera:

1. Al 100% de la población presente en el lugar de trabajo durante una sola fecha (en caso de realizarse por medios electrónicos, determinar e informar el tiempo en que se podrá contestar).

2. En un espacio suficiente para veinte personas máximo (en caso de encuesta presencial).

3. Explicación previa de la encuesta a cada grupo por parte de un encuestador y permanencia para resolver dudas

durante la aplicación en caso de encuesta presencial, (si se realiza de manera electrónica prever el desarrollo de un instructivo).

4. Designar un lugar de entrega cuando se complete el llenado (debe evitarse que alguien las reciba directamente de manos del encuestado).

5. Integrar el 100% de las encuestas y tabular la información.

6. Desarrollar los reportes requeridos para el análisis.

La información estructurada ofrece la posibilidad de establecer las prioridades de los colaboradores en cada factor de la encuesta (qué es lo verdaderamente importante y la percepción, de acuerdo o desacuerdo, con lo que ve, recibe o vive dentro de la organización). Es recomendable que se constituya un grupo de análisis y que responda a las siguientes preguntas:

1. ¿Qué aspectos de la encuesta son prioritarios para los colaboradores? Seleccionar aquellos considerados en los primeros 5 lugares.

2. Los integrantes del grupo de análisis son colaboradores, por lo que pueden contestar: ¿en qué radica la importancia de los aspectos encontrados?

3. ¿Qué aspectos resultan con bajo índice de calificación?

4. ¿Cuáles pertenecen a la satisfacción y cuáles a la motivación?

5. ¿Están relacionados con los aspectos prioritarios?

6. ¿Qué sucede en la organización o en los departamentos que provoque, en el caso de baja evaluación, estas calificaciones?

7. ¿Qué acciones puede tomar la empresa para mejorar las calificaciones obtenidas?

Una vez que se tengan respuestas a los cuestionamientos será necesario proveer a la dirección de una propuesta de acciones de mejora del clima, establecer cronograma y responsables de las mismas.

El producto que se puede obtener:

Imagen 17. Entregable reflexión clima laboral

La encuesta de clima, vale decirlo, es una herramienta que se aplica si existe disposición a escuchar y a actuar en consecuencia. Si no se está dispuesto a ello, no vale la pena el trabajo que se realiza.

Que las personas estén enfocadas en el logro de objetivos y en su mejora para aportar lo mejor de sí, sin distractores, es lo que busca esta herramienta. Las medidas punitivas contra quien manifiesta insatisfacción o desmotivación sería el peor uso de la información que se recibe (Imagen 17).

Resumen:

- *Factores de higiene*

  o Sueldo y beneficios, Política de la empresa y su organización, Relaciones con los compañeros de trabajo. Ambiente físico, Supervisión, Status, Seguridad laboral, Crecimiento, Madurez, Consolidación.

- *Factores de motivación*

  o Logros, Reconocimiento, Independencia laboral, Responsabilidad, Promoción.

- La herramienta de medición y diagnóstico de Clima Laboral contiene los siguientes rubros: la dimensión de satisfacción y la dimensión de motivación.

  o La primera obedece a factores externos al individuo y en los que la organización lleva la principal responsabilidad, ya que depende de ella proporcionar los elementos para que exista una buena percepción.

  o La segunda, la motivación, depende más de la persona y es ella quien deberá accionar, buscar, elegir, etc. para comprender la trascendencia de su participación y desarrollar lo que resulte necesario en el desempeño de su trabajo, para que este resulte retador y dador de un sentido del mismo.

Existencia y dominio de procedimientos así como productos originados por éstos, sus características y requisitos[17].

Principios:

Hasta ahora hemos trabajado dos dimensiones de la Calidad Sostenida en la organización, con el compromiso como una capacidad que da dirección y proporciona motivos para acometer la misión en que la empresa se ha embarcado y el clima laboral visto como elemento protector y potenciador de las características y atributos del elemento humano en la estructura empresarial, es el momento de reflexionar acerca de los procedimientos.

Si queremos resultados iguales, utilicemos los mismos insumos, con las mismas personas, de la misma manera, con los mismos equipos y... tendremos resultados iguales.

---

[17] La herramienta 4 se aplicó en entrevistas directas a los colaboradores, la demostración explícita de conocimiento y/o dominio se registraron de manera binaria (si o no) así como comentarios y observaciones al respecto.

Los procedimientos documentados apuntan en esta dirección: comprometer un resultado estándar del trabajo, asegurar un mínimo de desempeño en todos los productos y servicios que se ofrecen, establecer la base para, en caso de cambiar cualquiera de los elementos, sea de manera interdependiente, coordinada y para mejorar y no en detrimento de los resultados alcanzados con anterioridad.

Una organización que busque calidad sostenida promete a sus clientes tener documentados todos sus procesos y, además, cumplir con ellos durante el tiempo que resulten vigentes, asegurándose de dejar de realizar aquello que se modificó y aplicar las nuevas formas y normas de trabajo. La organización de calidad se compromete con el cliente con esto, lo que recibe el cliente deberá ser el cumplimiento de esta promesa.

La documentación de procesos expresados en documentos controlados es una costumbre ya difundida en prácticamente todas las empresas con una orientación al aseguramiento de la calidad, en ellos está fincada su política de calidad y son el referente clave para la certificación y posteriores auditorías, aunque en la cotidianidad muchos de ellos no resultan aplicados en la realidad, quizá porque son vistos únicamente como un mero requisito para obtener una certificación y no, como hemos señalado, como una promesa de aseguramiento. Es necesario que el directivo y sus colaboradores estén comprometidos y enfocados en ello.

"Hazlo fácil", proporciona herramientas de trabajo que tengan características orientadas a un manejo sencillo, un lenguaje comprensible, y una estructura lógica. Los procedimientos que requieren de otro procedimiento para entenderse y aplicarse difícilmente serán cumplidos.

La forma de "mantener" la certificación es mediante la realización de auditorías internas y externas de cumplimiento de la política de calidad y sus procedimientos; usualmente son revisiones en las que se exige la presentación de evidencias relativas a ello, la consecuencia inmediata es el levantamiento de "observaciones", "hallazgos menores" y "hallazgos mayores" por parte del auditor y presentados a la dirección y a los responsables directos de la gestión, éstos, a su vez "responden" lo encontrado en la auditoría y "cierran" cada uno de ellos con la demostración de la no existencia del señalamiento o la corrección total del mismo, como consecuencia, se aprueba la auditoría, se recertifica la organización o se rechaza, esto por parte del organismo certificador que envía al auditor.

Por lo general, la aspiración de toda auditoría por parte de la empresa es salir con "cero" hallazgos u observaciones, aspiración que refleja la visión chata de la dirección respecto del sistema de calidad, se pierde de vista la oportunidad de establecer mejoras por la visión diferente y no viciada del auditor en cuestión, que, en tanto más hallazgos me reporte, mi oportunidad de mejora será superior. Aún cuando se repita de una auditoría a otra, o se presente en muchos de los procedimientos, constituye una oportunidad de mejora.

Señalemos que lo anterior, el tratar de realizar la auditoría con "cero" hallazgos tiene una doble razón: la primera la hemos señalado, visión chata de la organización, la segunda es el carácter punitivo del sistema de auditorías, tener hallazgos está penalizado y afecta a los miembros de la organización. Si la empresa sigue por ese camino, convertirá al sistema de calidad en un rito inútil y de mera apariencia. Conozco al responsable corporativo de una empresa de manufactura que presume una de sus plantas con cero hallazgos en las tres últimas auditorías, coincidentemente los índices de insatisfacción y los costos de garantías se han incrementado.

Los procesos se deben documentar, pero también se debe mantener de manera permanente su aplicabilidad en cada uno de los trabajos o funciones que se desarrolla en la organización. Cabe señalar que parte de la aplicabilidad reside en el diseño de los documentos, de tal manera que resulten suficientes, útiles, prácticos, para quien los utiliza, que sean verdaderamente una herramienta y no un estorbo o "libro en anaquel" de solo sirva para decorar.

Los hallazgos se deben registrar, así como las acciones remediales, correctivas o preventivas y, en la medida que se conviertan en parte de la forma de trabajo, deberán incorporarse a los procedimientos a manera de mejora para mantenerlos vigentes.

El trabajo diario, el desarrollo cotidiano de los procesos debería producir la evidencia del mismo, por ello es absurdo que en la víspera de la auditoría se esté "preparando" el acopio de evidencias, lo que no se hizo en el momento de trabajo y, como consecuencia, se inventa la evidencia, solamente confirma la ausencia real de un sistema de calidad, aunque estén certificados.

Una ocasión me presentaron la bitácora de mantenimiento de una empresa, contenía todos los registros necesarios, estaba tan bien hecha que era posible distinguir el mismo tipo de letra y la misma tinta utilizada en su preparación, me sorprendió el esfuerzo tan diligente para algo tan inútil. Eso no era cumplir la promesa, se ubicaba exactamente en el polo opuesto a ello faltando a la verdad.

Los procedimientos por lo general los dividen las organizaciones en operativos y de apoyo, y ambos contienen al menos los siguientes rubros:

- Objetivo: Indica el propósito con que se desarrolla el procedimiento, ayuda a estandarizar las rutinas de trabajo y reducir la posibilidad de modificaciones fuera de control.
- Alcance: determina el ámbito en que debe ser aplicado el procedimiento, puede ir desde una función hasta la totalidad de la organización, o desde un componente hasta la totalidad de productos y/o servicios que proporciona la empresa.
- Responsable: especifica quién o quiénes, puestos o grupos de puestos son los que tienen bajo su encargo el cumplimiento del procedimiento.
- Glosarios: términos técnicos utilizados en el procedimiento y de uso particular de la actividad o función que deben ser aclarados, así como siglas utilizadas de forma específica en el procedimiento.

- Actividades del procedimiento: narración escrita secuencial de las actividades a realizar proporcionando la explicación descriptiva de las acciones a llevar a cabo, especificando los productos, tiempos y responsables de las mismas.
- Impresos: formatos y documentos a utilizar durante el proceso, se presentan como anexos y por lo general se proporciona un instructivo de uso.
- Diagramas: representación gráfica de las actividades en las que se puede apreciar la secuencia o simultaneidad de las actividades así como su orden de operación, se utiliza una simbología estándar simplificada.

Como ya hemos mencionado, la importancia de los procedimientos reside en la correspondencia entre ellos y lo que se hace en la realidad y en el acceso a los mismos de manera sencilla y amigable. Los puntos señalados líneas antes son solamente indicativos, no constituyen un prontuario a cumplir de manera esquemática en la documentación del procedimiento, la recomendación es que se diseñe de acuerdo a las necesidades de cada organización. He tenido acceso a modalidades en algunas compañías, tales como el diseño de guías rápidas para la operación y procedimientos en una sola página, los colaboradores las tienen en gran aprecio porque simplifica el aprendizaje y la consulta en caso de duda, es cuestión de poner en práctica la capacidad de síntesis y creatividad.

En lo referente a procedimientos de apoyo, los más comunes son los siguientes:

- Dirección: establece y comunica las responsabilidades totales de la organización y publica la misión, visión y valores, además da a conocer las principales estrategias a seguir para el cumplimiento de sus metas en el medio-largo plazo, es un documento que deberían conocer todos los colaboradores, ya que proporciona sentido de totalidad en la organización.
- Gestión de recursos: da a conocer los mecanismos y responsabilidades en la adquisición y aplicación de recursos para toda la organización, normalmente se

manifiestan las actividades a realizar en: selección de personal, contratación, sueldos, materiales, tecnología, equipos, métodos, etc. Su existencia y acceso asegura la presencia de recursos en cada fase de los procesos y, en caso de no existir, la forma en que se puede acceder a ellos.

- Control de documentos: establece quienes deben acceder a cada uno de los documentos publicados, de tal manera, que todos los involucrados tengan la misma calidad de información.

- Auditorías internas: da a conocer las listas de verificación con las que se realizan las auditorías, los criterios de determinación para cada uno de los hallazgos, la forma de designar a los auditores, los criterios para la periodicidad de las auditorías, así como los participantes y roles en cada una de ellas.

- Acciones correctivas y preventivas: su existencia obedece a la necesidad de hacer las cosas cada vez mejor, una acción que se toma para solucionar un problema cuando se presenta una vez, es valiosa, aprender de esa acción y determinar mejoras sustantivas en el proceso, no tiene precio, es aprendizaje. Dicho documento presenta la forma en que se deberán incorporar las acciones correctivas en el procedimiento, de tal manera, que se conviertan en operación estándar en el futuro.

Posiblemente se podrían incluir otros rubros en los procedimientos operativos y, otros de apoyo, lo verdaderamente importante es considerar la estructura que el manual de nos proporciona y, si está adecuado a las necesidades de la organización, resulta una herramienta radical para que la calidad permanezca, sea sostenida.

Protocolo:

Independientemente de lo completo, técnicamente bien hecho, con una orientación adecuada con que se hayan realizado los procedimientos, lo que pretendemos conocer, al aplicar el protocolo, es el nivel de conocimiento y dominio por parte de los que son responsables de los procesos, quienes los operan.

Si ellos no conocen el **objetivo,** seguramente no saben si lo que resulta del trabajo cumple con la expectativa generada al orientar recursos al mismo, es posible que la rutina invada su actividad cotidiana.

Si no identifican el **alcance,** probablemente dejarán vacíos entre procedimiento y procedimiento o invadirán responsabilidades, induciendo errores causa de retrabajos y trabajos dobles.

Si no tienen **claridad en los insumos** que requieren, se corre el riesgo de no contar con ellos en el momento que deban ser aplicados y no completar la operación.

Sin la **información de resultados** todo estará bien, o mal, no tiene parámetros con que medir.

La ausencia de **registros** por ignorancia dificulta, si no hace imposible, analizar el desempeño de las operaciones.

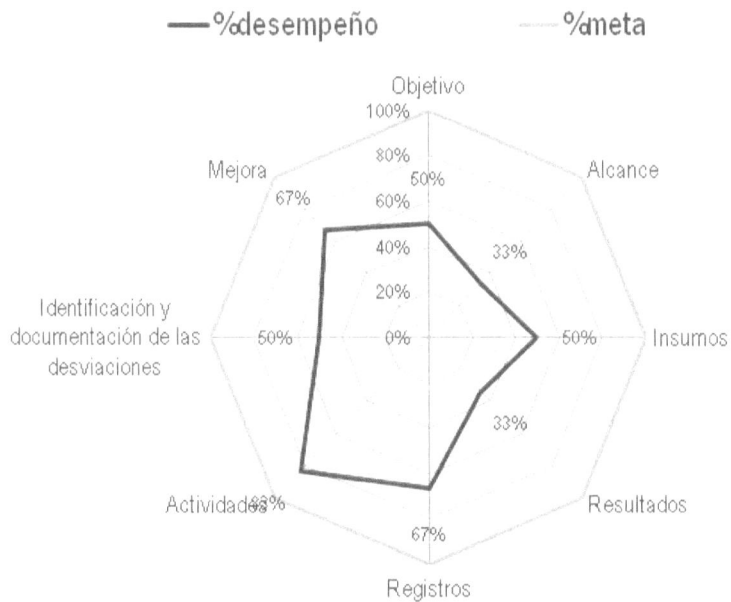

Imagen 18: Dominio de procedimientos operativos

75

Ante una falta de claridad en la **secuencia de los trabajos,** su repetición u omisión a causa de ello, será muy frecuente.

Eliminar errores o desviaciones mediante la aplicación de acciones correctivas o preventivas, que se presentan frecuentemente y no documentarlos, obliga a iniciar desde cero cada vez que se presenta; si no se ve el trabajo como posibilidad de mejora, será peor.

Las condiciones contrarias reducen las posibilidades de los efectos relatados antes, identificar la existencia de conocimiento o dominio es el objetivo de la aplicación de dicho protocolo y relacionarlo con los problemas de resultados operativos actuales.

Resultados de procedimientos de gestión (Imagen 18).

- El alcance, insumos requeridos, resultados e identificación y documentación de las desviaciones son los aspectos de menor dominio o conocimiento, por lo que se manifiesta, por parte de los colaboradores, trabajos rutinarios y con repetición en errores que ya deberían haberse superado.

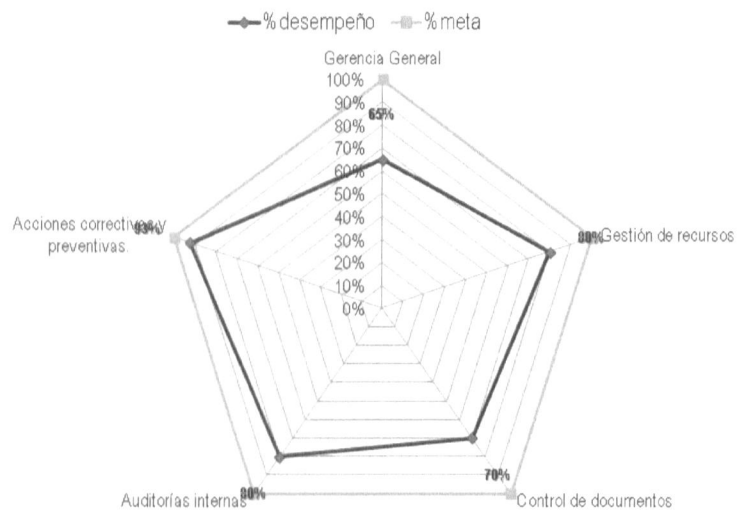

Imagen 19: Dominio de procedimientos de apoyo

- El procedimiento de gerencia general, que marca la estrategia de la organización y el control de documentos son las áreas de oportunidad significativas en este aspecto.

Práctica:

El proceso documentado, el procedimiento, se constituye en una promesa de cumplimiento para el cliente, ya sea interno o externo, me asegura que los productos, servicios o información la voy a recibir con tales características que satisfacen mis necesidades, entonces, es necesario que quienes son encargados o responsables de estos procedimientos los conozcan y los dominen, de otra forma, la posibilidad de que se dejen de realizar acciones necesarias en demérito de la promesa es real, casi segura, de la misma manera de que se dupliquen acciones y por ello, si no es que se cae en el caso anterior, por lo menos estamos dedicando recursos excesivos en el proceso.

Al menos el directivo (quien dirige personas) y sus colaboradores deben contestar las siguientes preguntas para conocer cuál es el estado en que se encuentran al respecto.

El ejercicio lo desarrollamos a manera de entrevista, top-down, y se califica a de forma absoluta, se tiene o no el conocimiento y/o dominio.

1. Especifica los procedimientos de los que eres responsable.

2. Expresa el objetivo de cada uno de los procedimientos de los que eres responsable.

3. Indica el alcance de los procedimientos, dónde inician y dónde terminan.

4. Señala los recursos, insumos, de todo tipo que requieres para realizar el procedimiento.

5. Describe los resultados que debes obtener una vez desarrollado el procedimiento.

6. Indica los registros que debes llevar para controlar el cumplimiento y la calidad del procedimiento.

7. Describe las actividades y secuencia con que se deben realizar.

8. Indica que se hace cuando se descubren desviaciones en el procedimiento y como las documentas.

9. Describe lo que haces para mejorar el procedimiento.

10. ¿En qué consiste el procedimiento de la dirección?

11. ¿En qué consiste el procedimiento de gestión de recursos?

12. ¿En qué consiste el procedimiento de control de documentos?

13. ¿En qué consiste el procedimiento de auditorías internas?

14. ¿En qué consiste el procedimiento de acciones correctivas y preventivas?

Se realiza un registro (qué si y qué no) y se le informa al colaborador del resultado de la encuesta, para que corrija los aspectos en que manifestó ausencia de dominio, se integra un expediente para reunir los resultados de todos los colaboradores y establecer las principales áreas de oportunidad. Esta información puede ser, en su momento, la explicación de ciertos resultados operativos.

Posteriormente y una vez que se tenga un panorama claro respecto de la situación de los procedimientos en los departamentos, es de utilidad reflexionar sobre los resultados:

1. Los procedimientos con déficit en conocimiento y/o dominio.

2. Los rubros con más incidencia.

3. La relación de los rubros antes mencionados con fallas en el proceso.

4. Lo accesible de los documentos manejados.

5. Lo amigable en diseño y redacción de los documentos.

Apoyarse en lo posible en los colaboradores y establecer conclusiones, medidas que se deben tomar, plan de trabajo y, por supuesto, fechas de control.

El producto de este trabajo (Imagen 20):

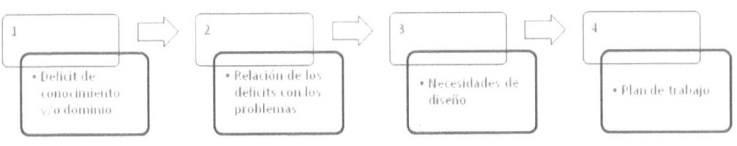

Imagen 20: Entregable práctica de dominio de procedimientos

Los productos de esta práctica pueden tener varias aplicaciones, señalo algunas a continuación.

1. Establecer acciones remediales que eviten que se siga trabajando fuera de estándares. He tenido la experiencia en algunas industrias de decisiones de retirar la producción de ciertos productos manufacturados en determinados periodos para evitar que el cliente reciba un producto defectuoso, por supuesto, esa acción no soluciona el problema de fondo, sólo evita que los efectos sigan creciendo. Cuando el impacto, gravedad y tendencia del problema es alto, es muy recomendable.

2. Reflexionar las relaciones de los déficits con los problemas existentes y establecer acciones correctivas.

Se trata de que lo que causa el problema, su origen, desaparezca y con ella sus efectos nocivos.

3. Integrar a los responsables de los procedimientos en su presentación, difusión y control de aprendizaje.

Resumen:

- Si queremos resultados iguales, utilicemos los mismos insumos, con las mismas personas, de la misma manera, con los mismos equipos y... tendremos resultados iguales.

- Los procedimientos documentados pretenden comprometer un resultado estándar del trabajo, asegurar un mínimo de desempeño en todos los productos y servicios que se ofrecen, establecer la base para, en caso de cambiar cualquiera de los elementos, sea de manera interdependiente, coordinada y para mejorar.

- Los procesos se deben documentar, pero también se debe mantener de manera permanente su aplicabilidad en cada uno de los trabajos o funciones que se desarrolla en la organización.

CLARIDAD DE CAPACIDADES REQUERIDAS EN CADA UNO DE LOS PUESTOS DE LA ORGANIZACIÓN ASÍ COMO NIVEL DE DOMINIO DE LOS COLABORADORES EN CADA HABILIDAD Y PLANES DE DESARROLLO Y/O PERFECCIONAMIENTO.[18]

Principios

Hace algunos años un excelente jugador de básquet-bol de la NBA, considerado uno de los fenómenos del deporte en cuestión por las cualidades demostradas en el campo de juego, por los resultados que aportaba al equipo durante cada partido, taquilla garantizada cuando se presentaba y audiencia televisiva de carácter mundial, con una compensación de acuerdo con ello

---

[18] La herramienta 5 se aplicó a los directivos de la empresa, busca determinar si tienen claras las capacidades de sus colaboradores y su desarrollo, igual que en caso anterior, se toman respuestas sí o no así como comentarios y observaciones.

y señalado como referente para quienes quisieran desarrollarse profesionalmente en este deporte, decidió incursionar en otro deporte en una liga de muy alto prestigio, el beis-bol con un equipo protagonista, la noticia generó toda clase de expectativas respecto de su posible desempeño, algunos comentaristas señalaron que sería el primer deportista en lograrlo, en caso de que se cumpliera; después de un regular período de entrenamiento oficial, me imagino que lo practicaba como aficionado, se le presentó en un partido de grandes ligas, no sólo no tuvo un desempeño regular sino definitivamente malo, en su presentación las cámaras lo siguieron a detalle, pero con el paso del tiempo y con los resultados de cada partido, se fue perdiendo hasta que dejó, no con un buen record, la aventura de cambiar[19].

La historia que les presento es real y conocida por la notoriedad del personaje en cuestión, existen muchas otras en el ámbito del deporte y muchísimas más en el de las empresas, desconocidas no tanto por lo disímiles sino por la baja exposición a los medios. Excelentes colaboradores en el desempeño de ciertas funciones se convierten, de la noche a la mañana, en pésimos participantes al cambiar de puesto o función, el vendedor que lo cambiamos a analista de información, el gerente de finanzas que trasladamos a la gerencia de recursos humanos, el portero de un equipo de fut-bol que ubicamos como delantero del mismo equipo. Todos ellos, salvo raras excepciones, perdieron en el cambio.

En las organizaciones, comunidades de personas[20], participamos entregando nuestras capacidades, de hecho por ellas nos contratan, aplicándolas en las funciones que nos encomiendan y esperando

---

[19]   Michael Jordan fue parte de los Chicago White Sox por el espacio de 17 partidos en las ligas mayores antes de ser bajado a las ligas menores (Birmingham Barons), la carrera de Jordan en este equipo afiliado a los White Sox, no fue nada espectacular, y pronto decidió colgar el bate para regresar a la NBA.

[20]   "La empresa no es una conjugación de elementos, ni una combinación de actividades, sino una comunidad de personas." Carlos Llano Cifuentes, Sistema versus persona. McGraw-Hill. México, 2000.

que con ello contribuyamos a los resultados en cada una de sus vertientes: financieros, de calidad y de satisfacción del cliente. Cada persona es una interparte del resultado, cada uno participa, esperamos, con lo mejor de sí para construir el futuro de la firma.

No todos tenemos la capacidad para todo, debido a nuestra educación, cultura, familia, grupo social y actividades en las que nos hemos desarrollado, hemos desplegado ciertas capacidades de acuerdo a lo mencionado, ya sea por gusto o necesidad nos hemos convertido en especialistas de lo que mejor sabemos hacer.

En el trabajo con otros, el individuo pone en juego sus mejores capacidades para contribuir con los demás en el logro de las metas, o desarrollando las habilidades que la circunstancia le está requiriendo y una vez desarrolladas entregarlas sin traba; el individuo de la comunidad de personas debe ser generoso.

La organización, ámbito dónde se expresa esta generosidad, debe tener clara la clase de personas que requiere para asegurar el trabajo y sus resultados, debe hacerse con los individuos adecuados para ello, con aquellos que cuentan con las capacidades necesarias para lograr los resultados. ¿Quiénes tienen las capacidades necesarias?, ¿Cómo determino las capacidades necesarias?, ¿Qué beneficios me reportará, como organización, la determinación de dichas capacidades?.

Iniciemos por la última pregunta, el principal beneficio que me reporta la determinación de las capacidades exigidas en cada puesto es que me proporciona las señales necesarias en el momento de decidir quién o quiénes pudieran desempeñarlo de manera eficaz, otro es que me proporciona información valiosa acerca de hacia dónde debo orientar la formación de los colaboradores ya que al tener dicha información, se determina el deber hacer correcto en la posición.

Con la segunda pregunta considero que el aplicar un modelo de establecimiento de perfil de habilidades requeridas en el puesto nos da la herramienta necesaria para este propósito. El perfil de habilidades se centra en lo que es necesario *saber hacer y su manifestación* en el desempeño de la función. Cierto que determinados estudios (títulos y certificados) indican la probabilidad de la existencia de las habilidades o, también la experiencia reportada (actividades realizadas con anterioridad) sin embargo resulta de gran importancia especificar en qué destrezas y capacidades se requiere que quien desempeña una función tenga un alto nivel de disposición, es decir, las características que manifiestan una alta habilidad y motivación y/o confianza para desempeñarse; aunque la academia manifiesta cumplimiento de programa, no da certeza en la existencia de la habilidades mencionadas. Por otro lado, la experiencia únicamente reporta tiempo en la actividad, no necesariamente capacidad.

Sería de mucha utilidad que la academia accediera a los perfiles de habilidad requeridos en las organizaciones, ésto podría constituir una luz en el momento de integrar los programas educativos...

Con esto pretendemos indicar que en el perfil de capacidades quedan excluidos tanto los estudios como la experiencia, no tanto porque no sean exigibles, algunos puestos no podrán ser desempeñados sin que exista un documento que acredite el tener la ciencia que corresponde en cada caso, otros requieren la vivencia anterior exitosa manifiesta en ciertas posiciones, sino porque de suyo no garantizan la existencia de las habilidades que hemos venido mencionando.

El perfil, bajo el modelo que hemos trabajado en los últimos años, contiene las siguientes características:

1. Habilidades genéricas.

2. Habilidades específicas.

3. Manifestación de la habilidad.

Habilidades genéricas, son aquellas capacidades que podrían aplicar en cualquier puesto de la organización por la universalidad de su práctica requerida aunque no se le exija a todos los puestos.

El modelo que hemos comentado contiene 16 habilidades que se derivan de la forma de pensar que se manifiesta en las acciones de los individuos, sin que en este documento pretendamos ser exhaustivos, consideramos cuatro áreas o esferas:

- Análisis
- Secuencia y detalle.
- Relaciones y estética.
- Globalidad.

Cada una de ellas manifiesta las siguientes habilidades genéricas (Tabla 3):

Área o esfera	Habilidad.
Análisis	Analizar información
	Manejo de información financiera.
	Aplicaciones tecnológicas.
	Aplicación lógica en manejo de problemas.
Secuencia y detalle.	Administración de recursos.
	Organización del trabajo.
	Estructuración de actividades y secuencias.
	Atención a muchos detalles.
Relaciones Interpersonales	Manejo de relaciones interpersonales.
	Informar e instruir a compañeros o colaboradores
	Capacidad de expresión corporal/verbal.
	Comunicación escrita frecuente.
Globalidad	Desarrollo de ideas innovadoras.
	Integración de diferentes ideas.
	Manejo de conceptos no tangibles.
	Imaginativo, original.

Tabla 3

Dependiendo de las condiciones, características y procedimientos que estén bajo la responsabilidad del puesto, se determinan las habilidades genéricas necesarias para el desempeño del mismo, por ejemplo, las habilidades requeridas y su manifestación para un puesto de gerente de compras serían las siguientes (Tabla 4).

Habilidad.	Manifestación
Analizar información	Capacidad de separar la información en sus partes, identificar desviaciones y las relaciones causales entre ellas.
Aplicación lógica en manejo de problemas.	Identificar condiciones antecedentes, hechos relevantes y situaciones consecuentes de acciones tomadas.
Administración de recursos.	Aplicar de manera eficaz los recursos que tiene a disposición buscando los resultados planteados en la función.
Estructuración de actividades y secuencias.	Determinar el orden y secuencia en que deben realizarse las actividades dentro del departamento de manera óptima.
Atención a muchos detalles.	Precisión en la revisión de trabajos y funciones realizadas, sus resultados y reportes.
Informar e instruir a compañeros o colaboradores	Proporcionar información y oportunidad de desarrollo a compañeros y colaboradores en las habilidades que sean requeridas para el desempeño de su función.
Capacidad de expresión corporal/verbal.	Comunicación adecuada a la situación y personas con que se relaciona tomando en cuenta la percepción del otro
Manejo de conceptos no tangibles.	Aplicar en la práctica resoluciones consecuentes de conceptos e ideas tales como: respeto, amor, amistad, honestidad, etc.

Tabla 4

Un gerente de compras que posea este perfil de habilidades tendrá grandes posibilidades de contribuir de manera exitosa en el desempeño de la función, siempre y cuando tenga las siguientes habilidades específicas (Tabla 5):

Habilidad.	Manifestacion
Dominio de base de datos proveedores	Manejo de la base de datos y sistema de reporte de proveedores.
Dominio de proceso de licitaciones.	Manejo de publicación, recepción de ofertas de acuerdo a política.
Dominio de leyes y reglamentos de adquisiciones	Aplicación de leyes y reglamentos a cada licitación convocada por la empresa.
Manejo presupuestal	Aplicación de presupuesto asignado a cada departamento y función.

Tabla 5

La totalidad del cumplimiento de las habilidades requeridas posibilita el desempeño exitoso.

Es claro que contar con esta información ayudará a realizar una selección eficaz, se buscarán cosas concretas, manifestaciones que indiquen si el candidato en cuestión, sea externo o interno a la organización, cuenta con las capacidades requeridas; entrevistas, batería de exámenes y observaciones estarán centradas en identificarlo.

El perfil de habilidades que hemos mostrado es adicional a las características y requisitos a cubrir en el puesto tales como: edad, experiencia, escolaridad, especialidad, etc. apegándose al respeto a la persona y las legislaciones relativas vigentes.

La tercera pregunta, originalmente la primera, resulta ser la que concentra los beneficios que hemos comentado: ¿Quiénes tienen las capacidades necesarias? La respuesta parece obvia, quienes lo demuestren, bastaría someter a quienes están en el puesto o a quienes quieren ocuparlo a una actividad en la que se manifiesta cada una de las habilidades mencionadas y concluir si las posee o no. Pero ahí no acaba la cuestión, decíamos en el primer capítulo que el directivo debe ser capaz de generar compromiso, su expresión está en buscar y conseguir los resultados y ellos se consiguen haciendo bien el trabajo como consecuencia de las capacidades que posee la persona, entonces, el directivo tiene que ayudar al colaborador a conseguirlas.

Todos sabemos que para ser hábil se pasa por un proceso de aprendizaje[21] en el cuál, a partir del conocimiento de la realidad, la persona interactúa con el medio ambiente y conoce lo que resulta de esa interacción en su propia persona, la comprensión de esa respuesta la va incorporando en sus estructuras cognoscitivas y aplicándolas en cada una de las circunstancias de manera voluntaria, al perfeccionamiento de acciones adecuadas le llamamos virtud.

Nuestro esquema de desarrollo de habilidades lo vemos de la siguiente manera (Imagen 21):

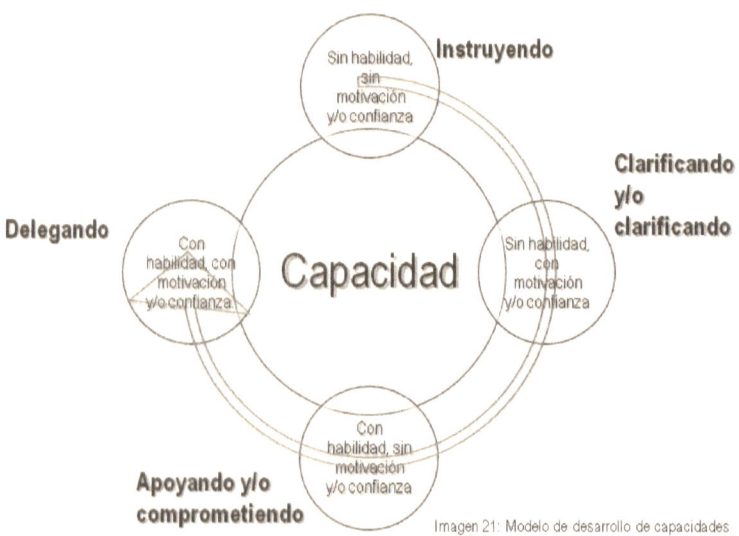

Imagen 21: Modelo de desarrollo de capacidades

Como se puede apreciar en el esquema anterior, consideramos dos dimensiones en cada capacidad de una persona (es posible que se sea capaz en una e incapaz en otra) la habilidad desarrollada de hacer algo y la motivación y/o confianza con que

---

[21]   "Seis condiciones para la generación de aprendizaje" José Rafael Santana Zevada" Blog "En comunidad" ICAMI.

la hace. La existencia o no de cada una de dichas dimensiones nos indica el nivel de dominio de cada capacidad:

- Sin habilidad y sin motivación y/o confianza: es muy difícil que alguien incapaz en algo tenga gusto y/o confianza por hacerlo, la habilidad se manifiesta en la respuesta adecuada a la realidad, si ésta no es conocida, será imposible que esté motivado hacia ello (nadie quiere lo que no conoce) o es posible que por experiencias anteriores esté convencido que no podrá acceder a la capacidad.

    o Si pretendo cambiar esta situación en mi colaborador, si se encuentra en ella en el momento, lo que se tiene que hacer es instruir, proporcionar información acerca de lo que se pretende desarrollar; decir qué, cómo, cuándo, con qué, y vigilar de manera cercana es la recomendación. Proporcionar manuales, información, hacer que vea cómo se desarrolla la función, o un trabajo terminado, puede ser un buen inicio.

- Sin habilidad pero con motivación y/o confianza: quizá el primer avance en el desarrollo de una capacidad es el interés (motivación) o confianza por experiencias anteriores o por la baja dificultad que representa para conseguirla, la primera manifestación que podemos observar es que la persona pregunta o intenta hacer (practica). Trata de entender y tener un concepto más claro de lo que debe alcanzar a hacer y las implicaciones de ello.

    o El directivo, ante esta situación manifestada por el colaborador, frecuentemente a modo de preguntas o acciones orientadas a la comprensión, debería proporcionar clarificación y/o práctica, responder preguntas (cuantas veces sea necesario), explicar dudas, permitir opiniones, permitir hacer apoyando al colaborador, (el error puede ser una fuente de aprendizaje muy eficaz).

- Con habilidad pero sin motivación y/o confianza: la persona ya había demostrado su capacidad pero dejó de hacerlo o ya tiene la habilidad pero le falta confianza en su propia capacidad; en el primer caso encontramos una persona que ha trabajado en conseguir la capacidad, ha llegado a dominarla pero ha perdido el interés en mantenerla, la habilidad no se pierde pero no se quiere aplicar, el segundo caso sucede con regular frecuencia, por decirlo de alguna manera, no se la cree, no se considera suficientemente preparado para realizar acciones referentes a la capacidad referida sin ayuda.

  o Podríamos considerar a los dos en la misma situación y encauzar las acciones en la misma dirección, dar sentido y confianza al desempeño de la capacidad, los andamios son aquellos que hagan responsable y permitan ver la capacidad del trabajo. Por un lado tendríamos el reconocimiento de la capacidad: *a) durante varios meses tu trabajo al respecto ha sido en realidad muy efectivo, en la última semana comenzaste a fallar, ¿Qué piensas que ha sucedido?, b) en realidad el trabajo que has estado desempeñando ya no ha requerido de ninguna observación, considero que ya puedes hacerlo solo.* Y por otra parte se podría buscar el desarrollo del compromiso: *a) de acuerdo con la capacidad que tienes en el trabajo que desempeñas quisiera que tú decidieras los siguientes pasos. b) ya has tenido mucho tiempo para practicar, decide a partir de cuándo podemos retirar el apoyo.*

- Con habilidad y con motivación y/o confianza. La persona hace el trabajo porque lo sabe hacer y porque le gusta, está satisfecho realizándolo, además se sabe "bueno" en la actividad, producto de los resultados que obtiene en su labor ordinaria.

o   Claro, este es el nivel que el directivo debería buscar en sus colaboradores y mantenerlo así. Dejarlo trabajar sería la recomendación, delegar la responsabilidad dejando que él sea su propio director, desaparecer. Delegar, es necesario decirlo, no es abandonar, delegar es dar el espacio para la contribución voluntaria si dejar de tener puntos de control, de resultados[22].

El modelo de desarrollo de las capacidades está centrado en la relación directivo-colaborador como la principal tarea a realizar en la organización, la calidad en los productos y servicios, dijimos ya, es la manifestación de la calidad de las personas que participan en la generación de ellos. Personas desarrolladas, comprometidas, asegurarán que esto suceda de manera continua... la calidad sostenida. Debemos pensar en las personas por lo que pueden llegar a ser y no conformarnos con lo que son, y esto nos incluye a nosotros mismos.

El manejo que recomendamos con esta información es el consejo[23], implica querer su bien, que sea mejor en su persona, que logre crecer y desarrollarse. Si en realidad queremos eso, vale la pena tener en cuenta los aspectos que preceden al acto de aconsejar:

1. Conocer a la persona.

    • Ser cercano a quien aconsejo.

    • Centrar mi atención en el otro.

2. Conocer el deber ser de la actividad o situación acerca de la que se aconsejará.

---

[22] Delegar no significa abandonar al colaborador ni abdicar en el mando.
[23] Nos referimos a la opinión que expresa otra persona para que decida llevar a cabo o no determinada acción.

- Se espera que quién aconseje tenga información o experiencia en el asunto o al menos una perspectiva clara de la situación.

3. Que la persona me perciba como alguien que quiere lo mejor para ella.

- Que perciba la relación que se tiene con ella como una relación de amistad, en la cual se actúa para el beneficio del amigo como si fuera el propio.

¿Cómo saber en qué nivel se encuentra la persona a la que pretendo ayudar mediante el consejo?

- El conocimiento de la actuación cotidiana.

- Las personas tenemos diferente grado de dominio en cada una de las habilidades.

- La capacidad del líder en captar los indicadores del nivel de dominio.

"En la forma de agarrar el taco se conoce al buen tragón". En la forma en que la persona haga su trabajo y obtenga determinados resultados se inferirá el nivel del dominio que tiene en cada habilidad.

- Resulta de gran importancia preparar el consejo, ya que se trata de que la persona aconsejada reciba o descubra por sí misma información de valor y resulte inspiradora para establecer cambios en su persona en la búsqueda de ser mejor.
- Recomendamos llenar un formato de consejo y apoyarse en él durante la reunión con el colaborador, registrando las sugerencias y, muy importante, solicitando que dicho colaborador establezca las acciones de mejora a implementar en el futuro inmediato.

- Dar consejo, no obliga al aconsejado a hacer lo que le aconsejamos, sino que lo coloca en una situación de decidir por un camino por el que puede solucionar problemas de actuación o desarrollo de habilidades (Tabla 6).

Indicadores del nivel de dominio y posible consejo		
Nivel de dominio	Indicador	Posible consejo
1. Sin habilidad y sin motivación y/o confianza.	Manifiesta no conocer acerca del asunto. Nunca ha realizado el trabajo que tiene que desarrolla. No sabe el efecto de aplicar la habilidad en su desempeño.	• Leer. (te aconsejo estudiar tal o cual libro o escrito). • Preguntar. (te aconsejo que le preguntes a X persona acerca de éste asunto). • Investigar. • Observar. • Conseguir información de inicio.
2. Sin habilidad y con motivación y/o confianza	La persona tiene muchas dudas. Hace el trabajo pero con imperfecciones. Hace el trabajo pero se tarda demasiado. Manifiesta alto interés en el asunto	• Que plantee las dudas que tiene. • Que practique la secuencia de la operación. • Que trate de igualar al menos el estándar de operación. • Que haga el trabajo con un experto-
3. Con habilidad y sin motivación y/o confianza	La persona manifiesta desinterés en el trabajo concreto. Ha dejado de hacer el trabajo con un alto estándar de operación. Tiene miedo de hacerlo solo	• Que él defina la importancia de su trabajo. • Reconocerle su capacidad y dejarlo trabajar solo. • Pedirle opinión acerca de los logros del trabajo realizado y/o razones que expliquen las deficiencias. • Reconocimiento de su capacidad
4. Con habilidad y con motivación y o confianza.	La persona hace siempre el trabajo con un alto estándar de calidad. Él mismo conoce y controla los resultados. Está consciente del impacto de su trabajo desde una perspectiva de colaboración	• Apoyo para desarrollar a otros. • Controlar sin abandonar.

Tabla 6

Protocolo:

Es importante conocer la claridad que se tiene en la organización sobre las capacidades requeridas, el conocimiento y registro del dominio de los colaboradores así como el establecimiento, desarrollo y control de planes de perfeccionamiento.

Los aspectos considerados para el análisis y posterior toma de acciones son los siguientes:

1. Existencia de perfiles de puestos con características, requisitos y capacidades pretendidas para el desempeño del puesto.

2. Especificación de la manifestación en términos de actuación de cada capacidad.

3. Existencia de proceso de evaluación de la actuación de cada colaborador en las capacidades requeridas.

4. Existencia de sistema de registro del desempeño a lo largo del tiempo de cada colaborador.

5. Conocimiento de los colaboradores del perfil de habilidades requeridas en el puesto.

6. Revisión y actualización permanente de los perfiles.

7. Existencia de programas de desarrollo de acuerdo con la evaluación de cada colaborador.

8. Seguimiento de resultados operativos a partir de las acciones de formación desarrolladas.

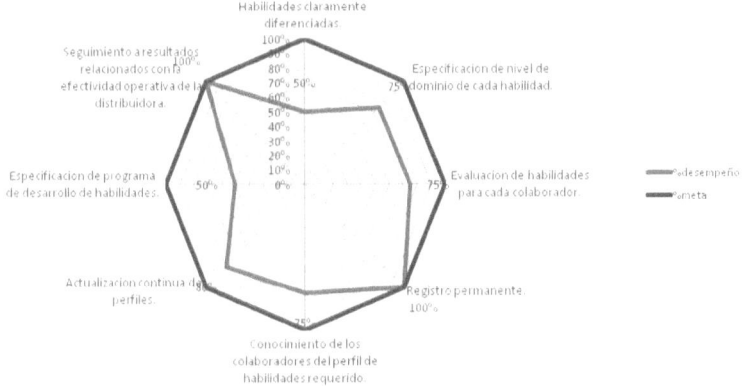

Imagen 22. Aspectos relacionados con desarrollo de capacidades

- Se aprecia la baja calificación de habilidades claramente diferenciadas (no existen perfiles de habilidad por puesto) y la especificación de un programa de desarrollo.
- Aún cuando existe la actividad de capacitación y registros relativos a ella, se realiza sin una orientación a la adquisición o perfeccionamiento de capacidades específicas.

Prácticas:

1. Investiga acerca de tus colaboradores, busca información relativa a los siguientes aspectos:

   a. Objetivo y/o principal contribución del puesto en la organización.

   b. Capacidades que se requieren para desempeñar el puesto, claramente diferenciadas, así como la descripción de las conductas que implican dichas capacidades.

   c. Especificación del nivel de dominio en que se debe manifestar dicha habilidad.

   d. Evaluaciones frecuentes de las habilidades de cada colaborador en el puesto que desempeñan.

   e. Registros permanentes del desempeño histórico de los colaboradores.

f. Conocimiento de los colaboradores del perfil de habilidades exigido en el puesto.
g. Actualización de los perfiles.
h. Programa de capacitación y desarrollo de acuerdo a los perfiles y a los registros de evaluación de los colaboradores.
i. Seguimiento a los resultados de la aplicación del programa de capacitación y desarrollo relacionado con los resultados operativos.

2. Registra y tabula la información de tal manera que pueda formarse una idea clara de la situación de su empresa y/o departamento en este aspecto.

3. Discute con tus colaboradores las principales deficiencias y su impacto en los resultados de la empresa.

4. Establece los cambios para la mejora de este aspecto.

5. Acuerda con tus colaboradores un plan de acción concreto, qué se va a hacer, quién debe participar, cuándo se debe realizar.

Los productos a obtener de la práctica descrita son los siguientes (Imagen 23):

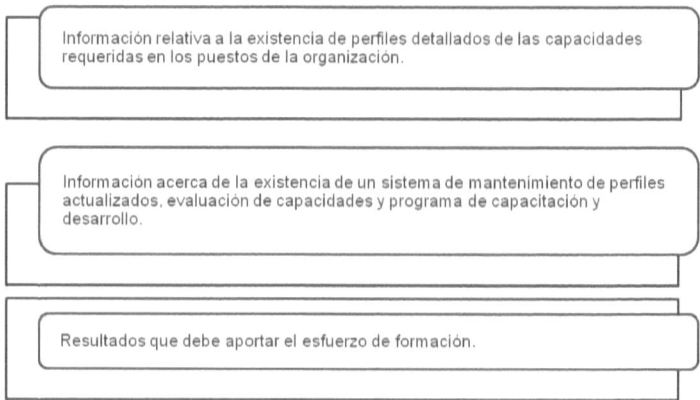

Información relativa a la existencia de perfiles detallados de las capacidades requeridas en los puestos de la organización.

Información acerca de la existencia de un sistema de mantenimiento de perfiles actualizados, evaluación de capacidades y programa de capacitación y desarrollo.

Resultados que debe aportar el esfuerzo de formación.

Imagen 23: Resultados de la práctica de desarrollo de habilidades

Al final la calidad se sostiene en las personas, si les proporcionamos, *si nos proporcionamos* elementos para ser mejores, y no hablo sólo en lo referente a desempeñar una función, sino a nuestra totalidad como personas, la probabilidad de que la intención se cumpla será muy alta.

Saber qué debo saber hacer para llegar al resultado y contar con la perspectiva de otros acerca de mi actuación cotidiana, además de ser una oportunidad de ser mejor, abre el camino de la generosidad y con ello de la amistad en el trabajo.

La amistad, en muchas ocasiones he escuchado la expresión, *"en el trabajo no se tienen amigos, sino sólo conocidos"*, yo la cambiaría expresando que la empresa como comunidad de personas exige la confianza, que es donde se crece y da frutos la voluntad de que el otro sea mejor, lo que es bueno para él; las personas confían en quién manifiesta, de obra y palabra, que quieren algo bueno para ellas, sin amistad no hay confianza, y sin confianza, no hay empresa. Vamos, decirle al otro en qué puede mejorar, aconsejarlo, ayudarlo a descubrir, implica una dosis de apertura y comprensión que únicamente se da entre los verdaderos amigos.

Resumen:

- Cada persona es una interparte del resultado, cada uno participa, esperamos, con lo mejor de sí para construir el futuro de la firma.
- La organización, ámbito donde se expresa esta generosidad, debe tener claro la clase de personas que requiere para asegurar el trabajo y sus resultados, debe hacerse con los individuos adecuados para ello, con las personas con las capacidades necesarias para lograr los resultados.
- El principal beneficio que me reporta la determinación de las capacidades exigidas en cada puesto es que me proporciona las señales necesarias en el momento de decidir quién o quiénes pudieran desempeñarlo de manera eficaz, otro es que me proporciona información valiosa acerca de hacia dónde debo orientar la formación

de los colaboradores ya que, al tener dicha información, se determina el deber hacer correcto en la posición.

* El aplicar un modelo de establecimiento de perfil de habilidades requeridas en el puesto nos da la herramienta necesaria para éste propósito. El perfil de habilidades se centra en lo que es necesario *saber hacer y su manifestación* en el desempeño de la función.
* El perfil contiene las siguientes características:

  o Habilidades genéricas.

  o Habilidades específicas.

  o Manifestación de la habilidad.

* Consideramos cuatro áreas o esferas de capacidades:

  o Análisis

  o Secuencia y detalle.

  o Relaciones y estética.

  o Globalidad.

* El perfil de habilidades que hemos mostrado es adicional a las características y requisitos a cubrir en el puesto tales como: edad, experiencia, escolaridad, especialidad, etc.
* El directivo tiene que ayudar al colaborador a conseguir el desarrollo de las capacidades.
* Consideramos dos dimensiones en cada capacidad de una persona la habilidad desarrollada de hacer algo y la motivación y/o confianza con que la hace.

  o Sin habilidad y sin motivación y/o confianza. Sin habilidad pero con motivación y/o confianza. Con habilidad pero sin motivación y/o confianza. Con habilidad y con motivación y/o confianza.

- El modelo de desarrollo de las capacidades está centrado en la relación directivo-colaborador como la principal tarea a realizar en la organización, la calidad en los productos y servicios, es la manifestación de la calidad de las personas que participan en la generación de ellos.

TRABAJO EN EQUIPO COMO FILOSOFÍA DE TRABAJO EN LA ORGANIZACIÓN EN LA QUE SE PRIVILEGIE A LA COLABORACIÓN POR ENCIMA DE LA COMPETENCIA[24].

Principios:

Cuando en la empresa se fomenta la competencia (ganar unos a otros), se está promoviendo la pérdida de la aportación de los que resultan derrotados. Eso provoca que no se obtengan los resultados esperados, ya que en quien gana se centraliza lo que resulta de esto, le quita mérito al perdedor (ganó el premio de productividad el departamento de finanzas... porque ese departamento no apoyó la gestión de producción o ventas). Cuando se premia al buen peleador, se generan fenómenos orientados a la deslealtad y a la desconfianza entre los

---

[24] La herramienta 6 investiga si la organización tiene las condiciones para un trabajo colaborativo e interdependiente a través de políticas y sistemas de comunicación, se aplicó a los directivos y algunos colaboradores.

colaboradores... se trata de demostrar quién puede más de forma comparativa entre ellos, los esfuerzos entonces se enfrentan de manera excluyente y se apoya al más hábil, no tanto en hacer su trabajo, sino en derrotar a sus compañeros; mucha veces hemos visto que el mejor vendedor lo logró quitando clientes a sus compañeros o realizando prácticas poco éticas. En fin, la competencia interna reporta problemas que origina en su mismo principio: la exclusión, la eliminación del derrotado.

El aislamiento de los participantes, áreas y/o departamentos de la organización, de suyo genera el fenómeno anterior, además de buscar el sometimiento de los demás respecto de lo que considera propiedad de acción y decisión dentro de la empresa; se utilizan los elementos resultantes del trabajo como herramientas de poder; la información, los productos, sus servicios, son utilizados como armas en el campo de batalla y les sirven para derrotar (tristemente) a los demás departamentos. Un departamento exitoso dentro de una empresa de diez departamentos derrotados da como resultado una empresa fracasada.

La forma de trabajar en los dos puntos anteriormente descritos son observados en infinidad de compañías que, contando con todos los recursos para alcanzar el éxito manifestado en la búsqueda de la consecución de sus objetivos, ve resultados depauperados y, por desgracia, originados en el propio seno de su organización, que manifiesta una franca orientación al aislamiento y a la competencia entre individuos y departamentos.

Competencia y aislamiento son decisiones que toman las personas, lo mismo que la colaboración e interdependencia, dicha decisiones están influidas por la concepción que tenemos del éxito en nuestra civilización occidental. Consideramos éxito únicamente a las manifestaciones externas del mismo, la riqueza, el poder, la fama, el prestigio, el reconocimiento; en contraposición al fracaso como la ausencia de los indicadores antes señalados.

Este concepto ha proliferado y se afirma que debemos alcanzar el éxito, a como dé lugar, haciendo lo necesario para conseguirlo, de tal suerte que nos empeñamos en conseguirlo "cueste lo que cueste", en ocasiones el costo es más alto que lo que nos reporta. "El fin justifica los medios". Ocultar información, mentir, robar, corromper, sacrificar lo que más tenemos de humanidad, son algunos de los medios que se utilizan para alcanzarlo.

Hemos olvidado otra dimensión de la existencia de la persona y que debe estar presente en la empresa por ser lo que es, una comunidad de personas. La plenitud, definida por la Real Academia Española como: Totalidad, integridad o cualidad de pleno, contrapuesto al vacío, referido por la misma academia como Vano, sin fruto, malogrado. Una persona es plena cuando está Completa, llena, acabada, perfeccionada como tal, como persona; en cambio es vacía cuando está vana, hueca, sin la sustancia que le corresponde como ser humano.

La combinación de estos conceptos nos hace reflexionar sobre una de las condiciones para la calidad sostenida, el trabajo en equipo, el trabajo en colaboración e interdependencia significativa (Imagen 24).

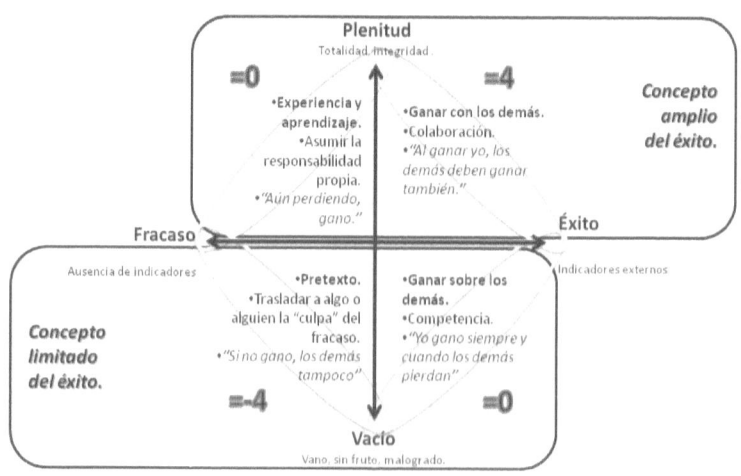

Imagen 24: Conceptos de éxito

Éxito con vacío: resulta de la decisión de ganar sobre los demás compañeros, amigos y/o colaboradores... y conseguirlo. Se logra la generación de un ganador y muchos derrotados, la regla de actuación es la competencia, "yo gano, siempre y cuando los demás pierdan", el resultado es una suma cero.

Fracaso con plenitud: en algunos seminarios que he impartido les advierto a mis participantes, en tono de broma, que no traten de fracasar para ser plenos, más bien me refiero a aprovechar para aprender el resultados de los fracasos para ganar en experiencia, para aprender; para hacerme responsable de los resultados de mis decisiones; aún perdiendo, no logrando el objetivo planteado, obtengo la ganancia del conocimiento de la práctica realizada equivocada con la seguridad de poder hacerlo mejor en el futuro. "Aún perdiendo, gano". El resultado es cero, pudiendo ser negativo, rescato el costo.

Fracaso con vacío: la refiero como la zona del pretexto en la forma de ver los fracasos personales, se traslada a alguien o a algo la responsabilidad ante el fracaso, no se asume y por eso la posibilidad que nos presenta la vida diaria, la botamos por el caño. Esta manera de manejarnos en muchos casos nos lleva incluso a evitar que otros obtengan el éxito o al menos a restarles importancia, "si no gano yo, los demás tampoco". El resultado es negativo, pierdo todo.

Éxito con plenitud: resulta de la decisión de ganar con los demás compañeros, amigos, colegas y/o colaboradores... y conseguirlo. Todos resultan ganadores, "para poder ganar yo, quienes participan en el proceso, deben ganar también", el resultado es positivo, ganamos todos.

En el seno de la empresa podemos instrumentar prácticas referidas a la propia organización y a las personas que participan en ella para promover el éxito y el fracaso con plenitud. A manera de sugerencia mencionemos algunas de ellas:

1. Reconocer que la mejor contribución es el trabajo bien hecho a la primera. El fomento de la contribución es

promover que cada persona desempeñe el trabajo que le corresponde de tal manera que "vea" como coopera con los resultados.

2. Promover la coordinación y acuerdo entre personas y departamentos. Desarrollar el hábito de la colaboración, evitando la competencia donde no debe existir.

3. Estimular la participación de todos los colaboradores. El trabajo colaborativo es estimulante en la búsqueda del resultado.

4. Facilitar el intercambio de experiencias entre departamentos y, de esta manera, promover las mejores prácticas. La transferencia en el aprendizaje consolida la comprensión de otros y hace más eficaz el trabajo.

5. Compartir la información relativa a las fortalezas y problemas de la empresa, así como las propuestas de solución presentadas por cada colaborador. Se trata de que los empleados sean tomados en cuenta para proveer sentido de pertenencia en la organización.

6. Fortalecer las capacidades de los colaboradores en lo relativo a la cooperación, la solución de conflictos, el diálogo.

7. Fomentar la interdisciplinariedad de los equipos de trabajo encargados de diseñar los procedimientos, políticas y solución a problemas. No todas las personas son capaces en todo, pero cuando reúno diferentes personas con diferentes capacidades la sinergia se desencadena.

8. Facilitar la unión para mejorar la calidad, oportunidad, transparencia y efectividad de las acciones. La calidad es el resultado del trabajo de todos.

9. Respetar la autonomía y el derecho a disentir y concordar de los colaboradores. Así como la persona decide

comprometerse con sus aportaciones, la propia persona decide muy diversas formas de contribuir.

Los individuos, dentro de la comunidad que es la empresa, deben fomentar para sí y para sus compañeros formas de trabajo colaborativo, entre otras sugiero las siguientes:

1. Compartir y aceptar responsabilidades, integrarse con otros y respetar las normas acordadas en el equipo de trabajo.

2. Reconocer y estimular el trabajo de los demás.

3. Proporcionar información veraz y oportuna a otros departamentos, con la intención de cooperar y contribuir al logro de propósitos comunes.

4. Ser humilde en el aprendizaje, paciente y comprensivo en la enseñanza.

5. Fortalecer las propias capacidades comunicativas y resolver los conflictos por medio del diálogo y el acuerdo.

6. Impulsar la cooperación y la solidaridad.

7. Convertir en un motivo de enriquecimiento la diversidad de opiniones, conocimientos y experiencias.

8. Cumplir los compromisos pactados.

9. Contribuir a crear, dentro y fuera de su área de trabajo, un ambiente de creatividad donde puedan brotar, sin trabas, diversas iniciativas.

10. Asumir las relaciones con los compañeros de trabajo como una escuela de convivencia y de desarrollo personal y colectivo.

11. Crear espacios de reflexión y evaluación respetuosa del propio trabajo.

12. Respetar el derecho de todos concordar o a pensar diferente y disentir.

La orientación a la colaboración y a la interdependencia significativa, induce la construcción de relaciones interpersonales sólidas y se convierte en un ambiente propicio para la amistad que, más allá del afecto personal, puro y desinteresado, compartido con otra persona, que nace y se fortalece con el trato, busca el bien de la otra persona, que sea mejor. Hemos repetido varias veces que la calidad de los productos y servicios que ofrecen las organizaciones son el resultado de la calidad de las personas que participan en ella, desarrollar un ambiente en el que se busque que quienes colaboren conmigo sean mejores, serán ambientes, por lo tanto, promotores de calidad.

El trabajo en equipo (colaboración e interdependencia significativa) promueve entre otras cosas:

- La confianza: es una hipótesis sobre la conducta futura del otro. Es una actitud que concierne el futuro, en la medida en que este futuro depende de la acción de un otro. Es una especie de apuesta que consiste en no inquietarse del no-control del otro y del tiempo. Quien confía en el otro, no necesita vigilarlo.
- La lealtad: credibilidad hacia la otra persona y a respetar la consecuencia de este crédito, me impulsa a actuar en consecuencia.
- La generosidad: entregar lo mejor de la persona a proyectos y otros de manera desinteresada.

Y hace fuertes a las organizaciones: *frater qui adivatur a frate, quasi civitas firmae* (Libro de los proverbios del antiguo testamento), el hermano que ayuda a su hermano, es una fortaleza. "Ser un buen trabajador no es dedicar a la empresa 20 horas al día. Las empresas, para salir adelante, necesitan el impulso de personas sanas, equilibradas y felices. Y ninguna persona, ni hombre ni mujer, tiene salud física y psíquica si no se sabe amada sin condiciones por sus personas más allegadas y si no se preocupa de ellas haciendo de su bien el fin de su existencia"[25].

Trabajar en equipo es una decisión que toma la persona respecto de los demás con quienes se relaciona de la misma manera, el competir, contender, es una decisión que se toma. Será responsabilidad de los individuos asumir las consecuencias, si es que la dirección de la empresa proporciona el ambiente necesario para que se trabaje en equipo, pero es la persona quien dispone hacerlo o no.

En mi experiencia y debido a los conceptos de éxito que manejamos en nuestra cultura, es muy común enfrascarse en procesos de competencia, en cerca de 1,000 ejercicios relativos que he aplicado, en la mayoría se observa una pérdida de utilidades del 50% por la simple decisión de competir y no colaborar, en algunos casos la pérdida fue del 100%, en muy pocos casos se han logrado utilidades superiores.

En la mayoría de los ejercicios, al momento de comentar los resultados, los participantes dijeron que no era claro si lo que se buscaba era colaborar o competir, entonces ellos tomaron la decisión por la segunda opción, cuando les he preguntado ¿porqué no decidieron colaborar? Ellos dijeron: es más probable ganar por cuenta nuestra cuando se compite, otros agregaron: y se les hace creer (a los otros) que se va a colaborar.

Estoy convencido que los grupos que han mostrado este comportamiento viven los problemas de productividad, rentabilidad y logro en los ambientes en los que participan de manera habitual, ellos han manifestado, en la mayoría de los casos, que al menos identifican una de las razones que explican la ausencia de resultados. Ante el déficit de los resultados esperados vale la pena volver la mirada hacia las personas o departamentos en conflicto, podríamos encontrar una explicación.

---

[25] Carlos Llano Cifuentes, "La amistad en la empresa".

A la luz de lo anteriormente expuesto podemos decir que en el trabajo de equipo inciden las características que hemos venido mencionando, una vez más, no es una característica aislada, es otra cara de la calidad sostenida.

Protocolo:

El protocolo que hemos aplicado trata de encontrar elementos existentes en los grupos de trabajo de la organización a partir de los cuales se pueda cimentar el cambio o consolidación del trabajo colaborativo, la aplicación del cuestionario correspondiente se realiza de manera personal y a manera de preguntas abiertas que posteriormente se traducen a valores relativos para generar un reporte gráfico ponderado, los rubros que hemos determinado tomar en cuenta son los siguientes:

1. Conocimiento de los clientes internos y externos del producto de mi trabajo. Se trata de identificar si se tiene claro quién o quienes necesitan obtener los productos del trabajo, acciones, materiales, información, que deberá ser entregada para integrarse a resultados.

2. Conocimiento de los proveedores internos y externos así como sus productos. Información relativa del origen de los elementos que utilizan los colaboradores para realizar el trabajo, quién o quiénes lo hacen y si son internos o externos a la organización.

3. Conocimiento de la contribución a objetivos superiores o colaterales: saber cuál es la contribución que realiza el colaborador a los objetivos de su departamento o de otros relacionados.

4. Atención a necesidades de compañeros y colaboradores: atención especial en conocer de manera clara que requieren de la persona sus compañeros y/o colaboradores, cuánto, cuándo y con qué características.

5. Claridad de solicitud de apoyo a propias necesidades: es el conocimiento del soporte requerido para cumplir de manera cabal con el resultado del trabajo y la respectiva comunicación a quien puede aportarla.

6. Respeto a los acuerdos tomados en el equipo: hábito de realizar tal y como se acordó llevar a cabo diversas acciones con otros miembros del equipo y, en caso de no poder realizarlo, la comunicación y discusión para cambiarlos.

7. Participación activa en la toma de decisiones e implementación de las mismas: mantenimiento del mecanismo del compromiso, la decisión y el trabajo operativo derivado de ello, operar por encima de la obediencia.

8. Manejo frecuente de la retroalimentación y/o consejo entre compañeros: querer el bien del otro se traduce en proporcionarle la oportunidad de ser mejor, darle una perspectiva fuera de sí, con el fin de que conozca otra dimensión y actúe buscando su crecimiento y desarrollo personal.

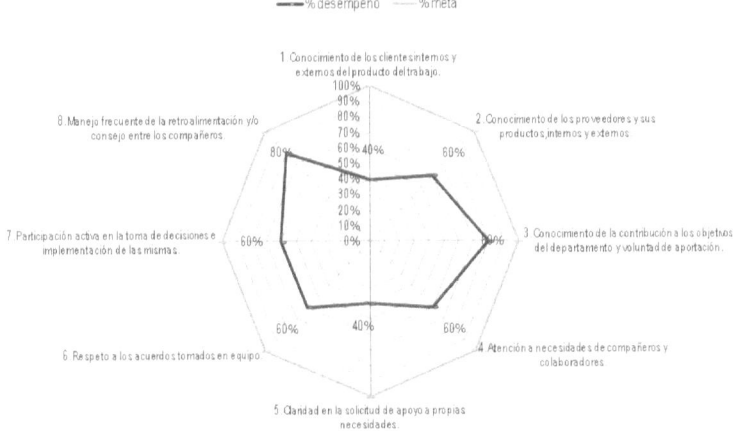

Imagen 25: Resultados práctica de colaboración e interdependencia

Resultados del protocolo (Imagen 25):

Práctica:

1. Con el grupo de colegas y colaboradores reflexione y responda las siguientes preguntas:

    a. ¿Conozco quiénes son los destinatarios internos o externos directos de mi trabajo?, identifícalos.

    b. ¿Conozco a quiénes me proveen de los insumos necesarios para desarrollar mi trabajo, ya sean internos de la empresa o externos? Identifícalos.

    c. ¿Tengo clara cuál es mi contribución a los objetivos y metas de mi departamento y/o empresa? Descríbela.

    d. ¿Cómo manifiesto, si es así, la atención, el enfoque a las necesidades de mis clientes y colaboradores?

    e. Cuando solicito el apoyo de otros ¿busco trasmitir claramente y completos mis requerimientos y necesidades?

    f. Cuando tomo acuerdos con compañeros y colaboradores ¿Respeto el contenido de los mismos y, de no ser posible, lo declaro ante ellos y busco un nuevo arreglo?

    g. ¿Participo de manera activa en la toma de las decisiones que me conciernen y en la instrumentación de las mismas?

    h. Cada vez que es necesario ¿Acepto que mis compañeros y colegas me digan en qué debo mejorar y yo hago lo propio (les digo en qué mejorar) con ellos?

2. Discutan las respuestas, traten de integrar un resumen de las características con que la colaboración e interdependencia significativa se maneja en la organización.

3. Identifiquen los aspectos en que se puede mejorar y las acciones, personales por un lado, que puedes llevar a cabo para ello, por otro las acciones de grupo que podrían implementar en el corto, mediano y largo plazo.

Los productos de la reflexión son los siguientes (Imagen 26):

Imagen 26. Entregable práctica de Trabajo en equipo

Soy vecino de este mundo por un rato
y hoy coincide que también tú estás aquí
coincidencias tan extrañas de la vida,
tantos siglos, tantos mundos, tanto espacio… y coincidir

Alberto Escobar

Si, esa es la gran oportunidad que el destino nos ha permitido, coincidir. Si lo tomamos como un hecho fortuito nos asombra, si lo tomamos como una oportunidad de aprovechar toda la riqueza que trae consigo la persona, nos impulsa a potenciar la coincidencia, a crecer con los otros, a dar lo mejor de sí para, de manera paradójica, ser mejores *con los demás* y no *sobre los demás*.

Hacer el trabajo que me corresponde, cuando debe ser realizado, de la manera que debe ser hecho, utilizando lo necesario y entregándolo a quien lo debe recibir, ya lo hemos dicho, es la mejor manera de contribuir, de colaborar (trabajar con) y de esta manera sostener el nivel de productividad, de satisfacción, seguridad, en fin, de tener una Calidad Sostenida.

Resumen:

- Cuando en la empresa se fomenta la competencia (ganar unos a otros), se está promoviendo la pérdida de la aportación de los que resultan derrotados.
- Cuando se premia al buen peleador, se generan fenómenos orientados a la deslealtad y a la desconfianza entre los colaboradores.
- Competencia y aislamiento son decisiones que toman las personas, lo mismo que la colaboración e interdependencia, dicha decisiones están influidas por la concepción que tenemos del éxito en nuestra civilización occidental.

  - Éxito con vacío: resulta de la decisión de ganar sobre los demás compañeros, amigos y/o colaboradores... y conseguirlo. Se logra la generación de un ganador y muchos derrotados, la regla de actuación es la competencia, "yo gano, siempre y cuando los demás pierdan", el resultado es una suma cero.

  - Fracaso con plenitud: aprovechar para aprender del resultados de los fracasos, para ganar en experiencia para aprender; hacerme responsable de los resultados de mis decisiones; aún perdiendo, no logrando el objetivo planteado, obtengo la ganancia del conocimiento, de la práctica realizada equivocada, con la seguridad de poderlo hacer mejor en el futuro. "Aún perdiendo, gano". El resultado es cero, pudiendo ser negativo, rescato el costo.

  - Fracaso con vacío:la zona del pretexto en la forma de ver los fracasos personales, se traslada a alguien o a lago la responsabilidad del fracaso, no se asume y por eso la posibilidad, que nos presenta la vida diaria la botamos por el caño. Ésta manera de manejarnos en muchos casos nos lleva incluso a evitar que otros obtengan el éxito o al menos a restarles importancia, "si no gano yo, los demás tampoco". El resultado es negativo, pierdo todo.

o   Éxito con plenitud: resulta de la decisión de ganar con los demás compañeros, amigos, colegas y/o colaboradores… y conseguirlo. Todos resultan ganadores, "para poder ganar yo, quienes participan en el proceso, deben ganar también" el resultado es positivo, ganamos todos.

- La confianza: es una hipótesis sobre la conducta futura del otro. Es una actitud que concierne el futuro, en la medida en que este futuro depende de la acción de un otro. Es una especie de apuesta que consiste en no inquietarse del no-control del otro y del tiempo. Quien confía en el otro, no necesita vigilarlo.

- «Ser un buen trabajador no es dedicar a la empresa 20 horas al día. Las empresas, para salir adelante, necesitan el impulso de personas sanas, equilibradas y felices. Y ninguna persona, ni hombre ni mujer, tiene salud física y psíquica si no se sabe amada sin condiciones por sus personas más allegadas y si no se preocupa de ellas haciendo de su bien el fin de su existencia».

ALINEAMIENTO A LA CONTRIBUCIÓN EN TODAS LAS ACTIVIDADES DE LA ORGANIZACIÓN[26].

• **Principios:**

En la actualidad queda descartado el principio que rezaba "el pez grande, se come al chico" aplicado al ámbito empresarial, en la actualidad, *el pez preparado, flexible, rápido y ágil, desplaza al lento, rígido y torpe.* Esto obliga a reconsiderar las estrategias empresariales en el mundo de hoy.

El cambio paradigmático provoca una nueva corriente de pensamiento y obliga a las empresas que quieran permanecer en los mercados existentes y emergentes a rediseñarse, a reinventarse. Orientación total al cliente, mejora continua, integración de equipos de alto rendimiento, optimización de los recursos con que cuenta la empresa, integración de tecnología

---

[26] Al aplicar la herramienta 7 tratamos de identificar si el sistema de trabajo en la organización permite a todos los colaboradores y departamentos alinearse a los objetivos de la organización y tener la posibilidad de ver resultados comparados con sus objetivos y contribución, se aplica a directivos.

de punta en productos/servicios y procesos, gente capaz de desarrollar y desarrollarse de acuerdo a la misión y valores de la empresa. Son algunas de las características que podemos afirmar que requerirán las empresas en el futuro inmediato y que algunas ya están trabajando en ello.

Asumimos las estructuras tradicionales de la organización en dos áreas que generan estrategias dentro de la empresa, las áreas de gestión operativa y las áreas de apoyo, se tiene que trabajar en la coincidencia e integración de las estrategias, en el alineamiento estratégico de sus objetivos entre sí, su interdependencia y su relación con la misión, visión, valores y objetivos generales de la empresa.

Resulta de la mayor importancia: *revisar la misión,* el deber ser de la organización, su vocación y destino para el cual se ha creado. *Reconsiderar la visión,* a dónde quiere llegar y si los valores implícitos y explícitos están amalgamados con sus finalidades. Se debe hacer un examen en cuanto la consistencia y congruencia de sus objetivos, se debe, en suma, asegurarse de que la estructura de propósitos, políticas y normas la llevarán a su final aspiración y estar preparado para dar el golpe de timón que nos demanda éste escenario.

Si pretendemos desplazar o evitar el desplazamiento por parte de otras empresas, la calidad con que entreguemos los productos y servicios a nuestros clientes a manera de estándar permanente y orientado a la mejora, será el punto de quiebre en la determinación de la estrategia, calidad con todas las consecuencias: proveedores, procesos, personas, departamentos de gestión operativa, departamentos de apoyo, en busca de las finalidades de la organización, cualquiera que esta sea:

1. Desarrollar y proporcionas satisfactores a través de productos y/o servicios.

2. Generar un VEA (valor económico agregado) y distribuirlo entre quienes lo generan.

3. Desarrollar la capacidad de las personas que la integran.

4. Permanecer.

Dicho de otro modo: prestigio de buen proveedor, productividad y rentabilidad en su manejo, integrado por personas capaces y motivadas y con visión de empresa.

Alinear a toda la organización tiene grandes beneficios (Imagen 27), que no son gratuitos, para contar con ellos se debe desarrollar un verdadero esfuerzo encaminado al funcionamiento alineado:

- Eficacia, productividad y rentabilidad. Permite que la utilización de recursos sea óptima y, consecuentemente, que los costos sean los adecuados; evita los desperdicios y los trabajos duplicados.
- Flexibilidad. Capacidad de reacción ante los cambios. Genera la capacidad de ajuste y modificaciones acordes con los requerimientos del mercado y el desarrollo tecnológico.
- Aprovechamiento del capital humano por su desarrollo. La introducción de capacidades genéricas y específicas así como el dominio de objetivos de la organización por parte de todos los colaboradores propicia el desplazamiento horizontal dentro de la organización haciendo más flexible el desarrollo del trabajo y la capacidad de adaptación ante nuevas circunstancias.
- Identificación y actualización permanente de los diferenciadores clave.
- Claridad en la contribución a los objetivos de la organización por parte de los colaboradores y departamentos.
- Conciencia y responsabilidad en todos los niveles y funciones de la organización.

Imagen 27: Beneficios del alineamiento

Existen barreras que impiden dicho alineamiento (Imagen 28), eliminarlas, modificar su condición, es el trabajo constante que se tiene que realizar para obtenerlos:

- Inexistencia de objetivos para el alineamiento por parte de la dirección; se convierte en la aplicación de una moda temporal; el primer paso, entonces, será el establecimiento de objetivos generales, claros y compartidos.

- Cultura orientada a la lucha por el poder, el aislamiento y la competencia; la exigencia de un cambio de cultura, para que pueda ser una realidad el alineamiento es una condición sin la cual todo esfuerzo se verá condenado al fracaso; la cultura que hace propicio este esfuerzo es la de la orientación al aprendizaje, al trabajo de equipo e interdependencia significativa y la orientación total al cliente.
- Baja participación de los departamentos y colaboradores en las decisiones y acciones para reorientar a la organización.
- Alineamiento parcial. Es necesario considerar todos los aspectos, todas las funciones, todos los departamentos de la empresa, de no hacerse así, se corre el peligro de arrastrar lastres que van a impedir la eficacia del proceso.
- Visión en el resultado inmediato. "Roma no se hizo en un solo día", aunque ya de suyo el esfuerzo de alineamiento produce frutos, lo mejor está en el largo plazo.
- Manejo ritual y burocrático. No se trata de una nueva fachada, tampoco una fórmula mágica que al expresarla cambie la organización, se trata de una nueva forma de trabajar que incidirá hasta el rincón más profundo de la empresa. Cuando las reuniones son para hacer reuniones, cuando se promueven ritos vacíos, se está abandonando, sin saberlo, en ocasiones la orientación hacia la Calidad Sostenida.
- Trabajo adicional. Un proceso de alineamiento no es un trabajo adicional además del trabajo normal, es EL TRABAJO.

Considerar los beneficios y las barreras que hemos señalado permite, a los implicados en el cambio, establecer acciones para desarrollar nuevos derroteros que deberá asumir la empresa, el nuevo concepto ha abandonado la preocupación por las dimensiones de la empresa para, por decirlo de manera simple, desplegar la capacidad de permanecer y desarrollarse en un ambiente cambiante y turbulento.

El primer paso en un alineamiento eficaz permite al directivo considerar, establecer si los objetivos con que se cuenta tienen una real orientación hacia las finalidades de su organización respecto del los satisfactores que ofrece al cliente. Es muy frecuente que se ofrezca lo que podemos ofrecer y no lo que requiere el cliente.

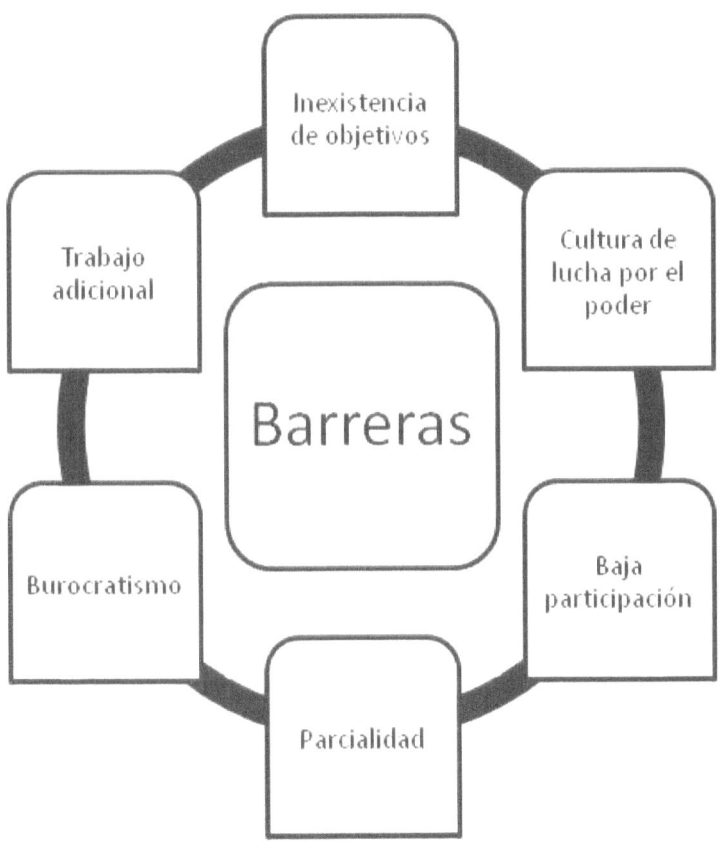

Imagen 28: Barreras para el alineamiento

- Lo que ofrezco es diferente de lo que quiere el cliente.
- Lo que ofrezco es inferior de lo que quiere el cliente.
- Lo que ofrezco es superior de lo que quiere el cliente.
- Lo que ofrezco es lo que quiere el cliente.

La diferencia entre el producto o servicio que ofrezco y lo que quiere el cliente indica, por lo general, la posibilidad de éxito en una empresa. Si lo que le ofrezco es diferente de su requisito, el cliente buscará otras opciones para satisfacer las necesidades; si es inferior a lo requerido, la percepción de costo será negativa respecto de nuestro producto, en cambio si es superior a sus necesidades el excedente puede beneficiarme en la percepción, no así en el costo de entregarlo con dichas características, hecho que no tendrá efecto cuando los dos coinciden. La coincidencia entre lo que requiere el cliente y el producto o servicio ofrecido define la satisfacción total del cliente.

Acercarse al cliente y preguntar ¿qué quieres?, ¿para qué lo quieres?, ¿cómo y en qué condiciones lo vas a usar?, ¿qué capacidades y habilidades (capabilidad) debe tener?, ¿cuánto vale?, etc. sean manifestadas de manera directa o fruto de la observación, sus respuestas son un primer indicador para establecer un correcto alineamiento entre las finalidades de la organización y el cliente o público objetivo.

Cuando se "me ocurre" desarrollar un producto o servicio sin tomar en cuenta a quién será destinado, el resultado pende del hilo de la casualidad, de la coincidencia afortunada. Es un "garbanzo de a libra" que difícilmente lo encontramos en nuestro quehacer diario.

El conocimiento de las características y condiciones del producto o servicio que se debe entregar nos pone en tesitura para establecer, además de las declaraciones vocacionales de la organización (para qué está llamada), tales como su misión y visión, a determinar los elementos necesarios para cumplir con ellas. Prever los insumos de toda especie, materiales, financieros, tiempo, tecnológicos, etc. elimina una posibilidad de yerro, no contar con algo cuando sea requerido y faltar por defecto, o exceder la cantidad de recursos y faltar por exceso.

Contar con todos los recursos necesarios es una forma de alineación, me aseguro de poder aplicar lo que sea necesario en cada paso del proceso, pero eso es sólo una parte, los recursos tomados como tales, son inertes, hace falta la acción de las personas para convertirlos en productores de los anhelos de productividad, satisfacción del cliente, desarrollo de las personas y permanencia.

Muchas organizaciones cuentan con los recursos, incluso en demasía, requeridos para lograr sus objetivos y... fallan. Muchas otras organizaciones aún con recursos limitados y ambientes francamente desfavorables son exitosas, estoy convencido que la causa de ello está en el alineamiento de las decisiones de sus colaboradores y... de la orientación de los esfuerzos.

Hace algunos años en compañero de trabajo me explicaba cómo funcionaban las fuerzas en un objeto:

"Si las fuerzas tienen la misma dirección se suman sus módulos (o se restan si su sentido es opuesto). La suma resultante representa el efecto combinado de todas las fuerzas y tiene su misma dirección".

"Si las fuerzas tienen diferentes direcciones, se sustituyen por sus proyecciones en los ejes. A continuación, en cada eje, se suman las componentes del mismo sentido y se restan las de sentido opuesto. Finalmente sólo queda una resultante en el eje x y otra en el eje y, que se componen aplicando el Teorema de Pitágoras: la hipotenusa da la dirección y su módulo es la fuerza total resultante".

A veces las componentes en un eje se neutralizan.

Sucede lo mismo en las organizaciones respecto de los esfuerzos de las personas pero de manera exponencial, cuando su orientación es la misma, se multiplican, cuando son diferentes o contrarias, no sólo se restan sino que se dividen, se pierden y la organización no se mueve.

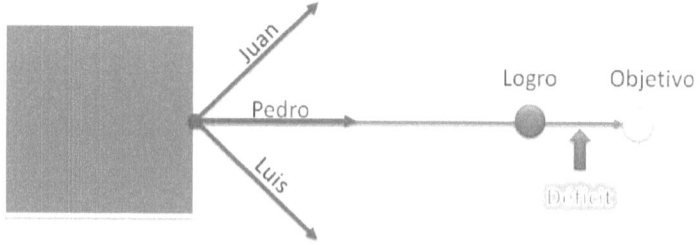

Imagen 29: Efecto de la falta de alineamiento.

El objetivo es claro, se aplicaron los recursos necesarios para llegar al mismo, los esfuerzos son suficientes pero su falta de orientación, el querer cada uno a un objetivo por su cuenta, aparentemente parecidos, pero desalineados, provoca el déficit entre el logro obtenido y la meta trazada (Imagen 29). El déficit puede tener múltiples manifestaciones: utilidades, satisfacción del cliente, prestigio, participación de mercados etc. Y sus causas probables podrían ser:

- Competencia entre Juan, Pedro y Luis.
- Objetivos no contributorios.
- Búsqueda de poder.
- Falta de procedimientos.
- Actividades desalineadas, actividades en defecto o en exceso.
- etc.

Un planteamiento de mejora de este aspecto buscará las verdaderas causas y establecer las acciones necesarias para el cambio, no se trata de instaurar acciones punitivas, de persecución o castigo, sino de realineamiento de los esfuerzos desde sus causas.

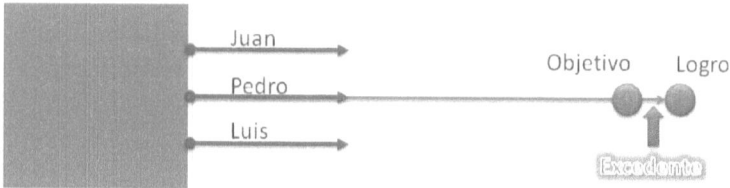

Imagen 30: Efecto del alineamiento.

Se trata de propiciar que los recursos y esfuerzos sean productivos, que nos lleven a los resultados esperados y... en ocasiones nos sorprenderemos de que no solo se alcanzan, sino que van más allá de lo que originalmente esperábamos, es el momento de revisión para un nuevo realineamiento.

El alineamiento no sólo debe darse entre departamentos, aunque obviamente es necesario revisar la actuación que tienen en la actualidad, especialmente los llamados de apoyo que, en no pocas ocasiones, no solo no contribuyen lo suficiente, sino que se convierten en verdaderos diques del logro. No será la primera vez que el departamento de recursos humanos es visto como el generador de la burocracia en la organización, el departamento de tecnología de la información como un constructor de dobles tareas en el uso del sistema o, para finalizar los ejemplos, *podríamos hacer una lista interminable*, el departamento de compras y abastecimientos como el dueño del "no se puede" o "no hay". Los departamentos de gestión operativa deberán romper con rutinas irracionales, vacios de responsabilidad, funciones demeritadas, etc.

Es necesario desaparecer a los departamentos de los Haces: *cuando requieras algo de mí; haz de querer, haz de pedir y haz de venir*. Dicho de forma sardónica.

También toca a las personas en su aspecto más individual el alineamiento, el directivo no hace los resultados, integra los de sus subordinados, durante la implementación de algunos aspectos del modelo, hemos estado trabajando en esquemas de individualización de objetivos y resultados, eso ha permitido que cada uno se alinee y se responsabilice de los frutos de su trabajo respecto de lo que quiere lograr la organización; se tiene que lograr que la gente deje de picar piedra y empiece a construir catedrales.

La referida individualización de objetivos está orientada al establecimiento de relaciones causales entre ellos: los objetivos financieros, sus resultados, se apoyan en la satisfacción del cliente, mismos que se sostienen gracias a la existencia de procedimientos eficaces y eficientes que son realizados por personas integradas, hábiles y comprometidas (Tabla 7).

Impacto	Frecuencia	Indicador	Líder responsable	Colaborador
Financieros	D	Ventas materiales	Asesor de ventas	
	D	Venta servicio	Asesor de ventas	
	D	Venta de MO	Jefe de taller	Recepcionista
	D	Órdenes de asistencia	Asesor de servicio	
	D	Productividad	Controlista	
Clientes	D	Fill Rate	Almacenista	
	D	ISC	Jefe de taller	Técnicos, recepcionista
	D	Hot Line Pendientes	Supervisor de tienda	
	Men	5S's Almacen	Encargado de almacén de Rep.	Auxiliar de almacén
	D	Rotación de Inventario	Encargado de almacén de Rep.	
	D	Eficiencia	Controlista	
Gente	Semestral	Clima Laboral		
	Men	Rotación de Personal		
	D	Ausentismo		

Tabla 7

El protocolo que hemos aplicados para determinar las áreas de oportunidad de la empresa en este aspecto consta de los rubros:

Objetivos a todos los niveles, existentes y publicados. Lo consideramos el precursor y consecuente del alineamiento, si quieres llegar a algo, defínelo claramente.

Participación de los colaboradores en la contribución. Dicho de ésta manera podría sonar a una donación, a un permiso de colaborar, nada más alejado de la realidad, es necesario que quienes se alinean, se comprometan, que definan cuál es su contribución.

Intercambio de información acerca del impacto de las actividades entre los departamentos. Conocer las consecuencias de los resultados es fuente de mejora permanente en la organización y aporta sentido al trabajo.

Participación en la determinación de acciones. Es necesaria para aprovechar las perspectivas diferenciadas de las personas en la empresa.

Planeación de actividades, recursos y participantes. Reducir la falla por el exceso o el defecto de insumos.

Seguimiento a avances y revisión de puntos de control. Que nos permitirá, sobre todo en acciones de largo aliento, tener la posibilidad de rectificación y cambios de rumbo, nos proporcionará flexibilidad.

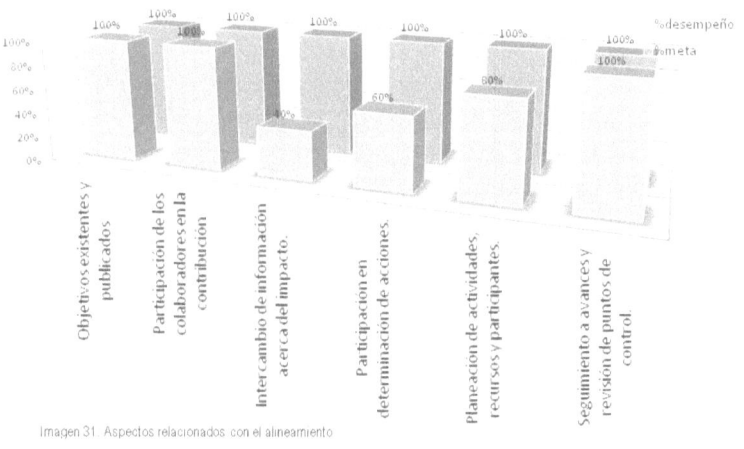

Imagen 31. Aspectos relacionados con el alineamiento

Resultados de la aplicación del protocolo al concepto de alineamiento (Imagen 31).

- El intercambio de información acerca del impacto es la debilidad de este soporte de calidad sostenida así como la participación en la determinación de acciones relacionadas con las funciones, sus productos y objetivos.

125

Prácticas:

1. Nuevamente, armados con hojas en blanco, lápices y rotafolios reúnete con tus colaboradores y colegas para responder y reflexionar sobre las siguientes cuestiones.

   a. Los objetivos de la organización, ¿existen?, ¿están publicados al interior de la empresa y para todos los colaboradores?, ¿son generales, claros y compartidos?

   b. ¿Los colaboradores, en todos los niveles, participan de manera colaborativa en conseguirlos?

   c. ¿Los colaboradores y departamentos, intercambian información de manera habitual acerca del impacto en sus resultados del trabajo de otros compañeros y/o departamentos?

   d. ¿Se acostumbra, de manera cotidiana, no aislada u ocasional, promover la determinación de acciones para el cumplimiento de objetivos por parte de todos los colaboradores comprometidos en el logro?

   e. ¿La planeación que se realiza incluye las actividades, recursos necesarios y participantes?

   f. ¿El sistema de seguimiento considera la revisión de avances y puntos de control?

2. Intercambie puntos de vista e información con los participantes en la reunión y traten de integrar un documento que manifieste el cumplimiento y los déficits en las preguntas planteadas.

3. Reflexiona ahora con los participantes: ¿cuáles son los impactos en los resultados derivados de los déficits

encontrados?, integra un documento con los resultados de la reflexión.

4. Establece las prioridades de cambio y elabora un plan de trabajo con los participantes.

Productos de la práctica (Imagen 32):

Imagen 32. Entregable reflexión alineamiento

Con ésta herramienta estamos en posibilidad de integrar los elementos que se han analizado previamente. *La capacidad de compromiso y la correspondiente de generación de responsabilidad asumida en los otros, el adecuado manejo de clima laboral, el cuidado en la existencia, difusión y dominio de los procedimientos, el desarrollo de las capacidades de los colaboradores de acuerdo con los requerimientos de cada puesto y el desarrollo de la colaboración y la interdependencia significativa* adquieren sentido y dimensión con el alineamiento.

Tirar para adelante y empujar atrás en una sola dirección, cada uno en su posición contribuyendo al logro en una sola orientación.

Resumen:

- Orientación total al cliente, mejora continua, integración de equipos de alto rendimiento, optimización de los recursos con que cuenta la empresa, Integración de tecnología de punta en productos/servicios y procesos, gente capaz de desarrollar y desarrollarse de acuerdo a la misión y valores de la empresa. Son algunas de las características que podemos afirmar que requerirán las empresas en el futuro inmediato.

- Alinear a toda la organización tiene grandes beneficios: Eficacia, productividad y rentabilidad. Flexibilidad, capacidad de reacción ante los cambios. Genera la capacidad de ajuste y modificaciones acordes con los requerimientos del mercado y el desarrollo tecnológico. Aprovechamiento del capital humano por su desarrollo. Identificación y actualización permanente de los diferenciadores clave. Claridad en la contribución a los objetivos de la organización por parte de los colaboradores y departamentos. Conciencia y responsabilidad en todos los niveles y funciones de la organización.

- Existen barreras que impiden dicho alineamiento, eliminarlas: Inexistencia de objetivos para el alineamiento por parte de la dirección. Cultura orientada a la lucha por el poder, el aislamiento y la competencia. Baja participación de los departamentos y colaboradores en las decisiones y acciones para reorientar a la organización. Alineamiento parcial. Visión en el resultado inmediato. Manejo ritual y burocrático. Trabajo adicional.

LAS DIMENSIONES DEL CUBO[27]

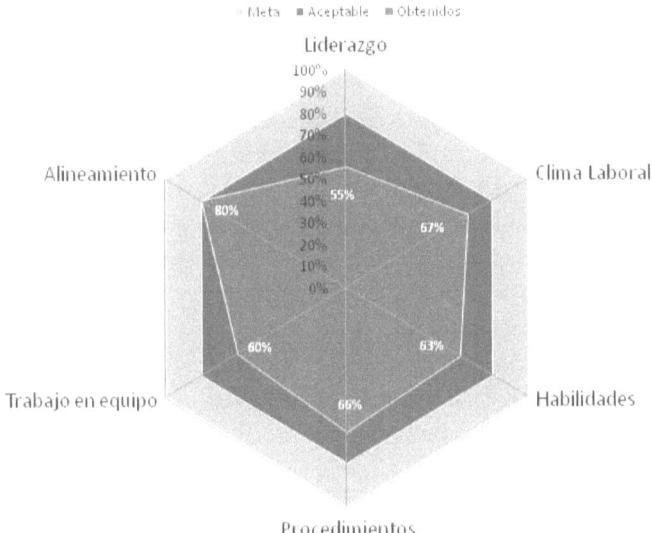

Imagen 33: Las dimensiones de la calidad sostenida

- Podría pensar el lector que es necesario rehacer el cien por ciento de la organización a la luz de los conceptos aquí expuestos, no es así, la intención de este modelo

---

[27] Le he llamado dimensiones del cubo porque al igual que éste, presenta seis caras o aspectos igualmente influyentes e importantes para la organización.

es, en primer lugar, clarificar las diferentes perspectivas en la organización que permitan que el fenómeno del estándar de calidad sea una realidad sostenida; si únicamente trabajamos en una de las dimensiones el resultado del esfuerzo será magro y con una probabilidad de perdurabilidad en verdad limitada y, en segundo lugar, establecer las áreas de investigación relativas al tema que nos ocupa, cómo lograr que los resultados del trabajo de normalización y su consecuente certificación de cumplimiento sean permanentes en el tiempo y, con este resultado, con las áreas de oportunidad y crecimiento establecidas, reiniciar los esfuerzos, esta vez con el llamado a ser organización de una sola pieza: que cumple con la promesa que ha hecho al cliente.

- El resultado (Imagen 33), como ya lo hemos dicho, da luz sobre los aspectos a mejorar, permite aprovechar aquellos en los que se descubre una fortaleza e invita a trabajar en la reducción de las debilidades.

Mejorar la capacidad de compromiso y el compromiso de los colaboradores de manera aislada cuando tenemos problemas en cuestiones relativas al trabajo en equipo resulta una sinrazón, no obtendremos los resultados, no tanto por la efectividad de las acciones sino por la escasa probabilidad de que los integrantes estén dispuestos a desarrollar esa mejora en aras de la colaboración y la interdependencia significativa.

Mejorar los procedimientos cuando las capacidades no son las que se requieren o no se tienen desarrolladas, hará que el esfuerzo se convierta en letra muerta, correrán bien... pero fuera del camino.

Me permito presentar a ustedes una serie de acciones que se han venido tomando de manera integral en algunas de las organizaciones en que hemos iniciado este esfuerzo, baste decir que algunas han mejorado sus estándares y otras tienen avances muy alentadores respecto de indicadores de productividad y de satisfacción del cliente. Pasar del último lugar al primero es alentador.

Entrenamiento en:

Taller de compromiso de la dirección con la colaboración y la interdependencia significativa:

- Sesiones de reflexión relativa al impacto de la competencia y/o la colaboración en el ambiente de trabajo y los resultados, impacto, también, en el desarrollo de la persona.

Desarrollo de flexibilidad de estilo de mando.

- Análisis de los comportamientos del director referentes al estilo de mando, su flexibilidad y efectos de su aplicación en el desempeño y resultados de los colaboradores.

1. Análisis de problemas.

- Integración de herramientas de análisis para diferentes tipos de problemas, orientación a la problemática actual de la empresa o departamento.

2. Aplicación del consejo a compañeros y colaboradores.

- Talleres prácticos para aplicar principios que posibilitan el consejo en la empresa. Desarrollo de aplicaciones de cada participante.

3. Talleres multidepartamentales y multiniveles relativos a la colaboración y a la interdependencia significativa.

- Talleres de aplicación de la colaboración y la interdependencia dentro de cada departamento.

Diseño:

1. Revisión de la visión de futuro compartida. Reunión para confirmar, modificar o desarrollar la visión de futuro.

2. Proceso de individualización de objetivos. Desarrollo de sistema de registro de avances y acceso a información de objetivos personales, individuales y su referencia de contribución a objetivos superiores.

3. Materiales amigables de procedimientos. Desarrollo de documentos con alto impacto gráfico-conceptual que facilite el acceso y comprensión de los documentos de procesos en todos los niveles, especial atención en los operativos.

4. Procedimientos específicos de nivel administrador. Desarrollo de documento de procedimiento de administradores de la empresa.

5. Sistema de control de aprendizaje. Sistema de registro y acceso a información de acciones tales como: transferencia de información, prácticas de aprendizaje, etc. Y los resultados de la actividad en la organización.

6. Perfil de capacidades genéricas y específicas requeridas en cada puesto. Desarrollo de perfil de habilidades de cada puesto en la organización bajo un concepto estandarizado. Capacidades genéricas y específicas.

7. Sistema formal de evaluación del desempeño. Sistema estándar para evaluar los resultados de los colaboradores y proporcionar información acerca del tema a cada uno de ellos.

8. Desarrollo del concepto para todos los colaboradores: "yo soy la calidad": campaña de difusión del concepto de la calidad como manifestación de cada una de las personas que participan en el proceso de trabajo.

9. Política de colaboración de la empresa. Manifestación escrita de la disposición de la empresa hacia la colaboración y la interdependencia como filosofía y forma de trabajo.

10. Consejo local de calidad. Integración de grupos interdisciplinarios para el análisis y solución de problemas cotidianos.

Entre otros.

Como señalé al principio de éste apartado, no es necesario o condición fatal aplicar todas las acciones aquí mencionadas, ni todas las acciones, ni al mismo tiempo, ni con todos los colaboradores.

Las prácticas que hemos propuesto nos permiten, en un término de catorce a veinte horas de trabajo, tener un diagnóstico claro de la organización respecto de los factores que inciden en la calidad sostenida y con él, la posibilidad de establecer acciones conducentes a ella. El todo integrado por:

1. Capacidad de compromiso y capacidad de generar compromiso en otros.

2. Clima laboral que satisfaga y sea terreno para el surgimiento de la motivación.

3. La existencia y dominio de procedimientos.

4. Las capacidades de los colaboradores adecuadas a los requerimientos de cada puesto.

5. La colaboración y la interdependencia como manifestación del trabajo en equipo.

6. El alineamiento.

Apoyan, apuntalan los resultados de la organización, la calidad con que se manifiesta, la satisfacción de sus clientes, una vez más, hace posible la calidad sostenida.

Si en verdad se pretende ser empresa, satisfacer las necesidades a través de la generación de productos y servicios, generar un valor económico agregado, desarrollar la capacidad de las personas y permanecer como una entidad ágil y flexible, debe dirigir la mirada a los factores que han sido objeto de éste documento.

La aplicación de estas prácticas, no tengo duda, reportarán grandes beneficios: productividad, rentabilidad, satisfacción del cliente, procesos eficaces y eficientes, personas capaces y motivadas; pero no tiene consecuencia formal, tampoco se pretendió, respecto de la certificación de cumplimiento del estándar de calidad en su propio desarrollo.

Cuadro sinóptico:

Calidad sotenida

- Compromiso
  - Análisis
  - decisiones
  - Estilo de mando
- Clima laboral
  - Satisfacción
  - Motivación.
- Existencia de procedimientos
  - De gestión
  - De apoyo
- Capacidades de las personas.
  - Genéricas
  - Específicas
  - Elementos de desarrollo.
- Trabajo en equipo
  - Colaboración
  - Interdependencia significativa
- Alineamiento
  - Características
  - Barreras.

ANEXOS

A continuación presento algunas herramientas que podrían ser útiles al momento de reflexionar e investigar acerca de los soportes de la calidad sostenida en su organización, como todo, son enunciativas y no limitativas, la intención es tener una guía de investigación y diagnóstico sencilla, práctica y útil.

Sencilla: son elementos que requieren únicamente de investigación y observación directa de la forma de trabajar en la organización, sus resultados proporcionan información franca, en la medida que se respondan de esta manera, y que puede ser tabulada e integrada fácilmente.

Práctica: no se teoriza, se presenta un perfil total de los soportes de la calidad sostenida y las áreas de oportunidad, dando paso a la reflexión de relaciones entre ellas, sus causas y efectos en los resultados de la organización.

Útil: se aplica de inmediato y de manera directa, considero que la primera aportación de dicha guía es la generación de conciencia acerca del estado, esto ya aporta la inquietud, en los integrantes de la empresa, de cambios que parten de la propia persona y, que en el desarrollo integral de cada soporte llevan a la empresa a los resultados.

Junto con las herramientas se explican algunas consideraciones al momento de su aplicación, que podrían hacer de mayor provecho el resultado de su estudio.

Autoevaluación de estilo de mando: **Herramienta I**

- Para revisar sus conductas de mando, conteste el siguiente inventario. Al referirse a su grupo piense en los colaboradores actuales más cercanos a usted. Trate de ser lo más objetivo posible al describir su comportamiento real como líder. No piense en cómo debería ser, ni en cómo le gustaría ser.

- Lea con cuidado cada una de las 10 situaciones que aparecen a continuación y distribuya 10 puntos entre las cuatro alternativas que se presentan para cada situación, de acuerdo con la proximidad que tenga cada una de ellas con el comportamiento que usted tendría como jefe del grupo de trabajo en condiciones semejantes. Distribuya siempre 10 puntos. Nunca más ni menos. Usted puede usar ceros si lo considera apropiado como el siguiente ejemplo:

Ejemplo:

Cuando veo que hay un conflicto en mi grupo:

a) **2** Tomo los pasos necesarios para que la situación no llegue a mayores.

b) **0** Actúo con una mano dura e impongo mi opinión.

c) **3** Discuto abiertamente la situación y la resolvemos juntos.

d) **5** Doy tiempo para que los casos se resuelvan por ellos mismos.

Autoevaluación de estilo de mando: **Herramienta I**

1. **Cuando la productividad de mis colaboradores desciende, entonces:**

   a. ____ Hablo con ellos y pongo metas para asegurarme de que el trabajo se cumpla.
   b. ____ Enfatizo la obligación de cumplir con la tarea.
   c. ____ Estoy abierto para discutir la situación pero no los presiono.
   d. ____ No intervengo de inmediato y vigilo cómo van las cosas.

2. **Cuando la productividad de mis colaboradores aumenta:**

   a. ____ Me muestro amistoso, pero continúo cerciorándome de que estén conscientes de su papel.
   b. ____ Les enseño la importancia de las tareas que ellos realizan.
   c. ____ Hago que se sientan importantes y que participen en las tareas.
   d. ____ No tomo una acción definida y actúo en forma natural

3. **Cuando mis colaboradores no pueden resolver su problema:**

   a. ____ Hago que juntos solucionemos el problema, bajo mi supervisión.
   b. ____ Actúo rápido y con firmeza para dar solución.
   c. ____ Hago que participen y busquen la solución.
   d. ____ Los dejo trabajar y utilizar sus propios recursos.

4. **Cuando hay que hacer un cambio en el trabajo:**

   a. ____ Hago que juntos solucionemos el problema, bajo mi supervisión.
   b. ____ Anuncio los cambios y superviso su cumplimiento.
   c. ____ Invito a mis colaboradores a que participen en el desarrollo del cambio.
   d. ____ Dejo que mis colaboradores formulen e implanten el cambio.

5. **Cuando hay que redefinir metas y funciones:**

   a. ____ Incorporo las recomendaciones que hacen mis colaboradores pero vigilo que se cumplan las metas.
   b. ____ Las redefino y vigilo que se lleven a cabo.
   c. ____ Permito que mis colaboradores intervengan y lleguemos a un acuerdo.

d. ____ Dejo que mis colaboradores redefinan las metas y funciones.

6. **Cuando hay conflictos interpersonales en el grupo de trabajo:**

   a. ____ Platico con los involucrados y ayudo a resolver el conflicto.
   b. ____ Intervengo e impido que la situación afecte la realización de la tarea.
   c. ____ Invito a las personas a que resuelvan el conflicto en forma racional.
   d. ____ No intervengo y dejo que las personas resuelvan la situación con sus propios recursos.

7. **Cuando tengo conflictos con mis colaboradores:**

   a. ____ Tomo los pasos necesarios para que la situación no llegue a mayores.
   b. ____ Actúo con mano dura e impongo mi opinión.
   c. ____ Discuto abiertamente la situación y la resolvemos juntos.
   d. ____ Doy tiempo para que las cosas se resuelvan por ellas mismas.

8. **Cuando hay que tomar decisiones:**

   a. ____ Platico con mis colaboradores y después tomo la decisión.
   b. ____ Las tomo bajo mi discreción y responsabilidad.
   c. ____ Tomamos las decisiones de común acuerdo.
   d. ____ Dejo que mis colaboradores tomen la decisión y evalúo los resultados.
   e.

9. **Cuando hay fallas de disciplina en el grupo:**

   a. ____ Me comunico con el grupo para establecer las causas y las corrijo.
   b. ____ Aplico con rigor las políticas establecidas.
   c. ____ Busco que la situación se corrija con la participación activa del grupo.
   d. ____ Apelo al sentido de responsabilidad de las personas sin ejercer mucha presión.

10. **Cuando se presentan situaciones tensas:**

    a. ____ Busco otra opinión y la incorporo a mi criterio
    b. ____ Trato de afrontarlas solo.
    c. ____ Comparto la situación con mis colaboradores.
    d. ____ Sé que con ayuda de mi grupo de trabajo se resolverán favorablemente.

La aplicación de éste inventario, su resultado, puede ser fruto de diversos factores, su resultado de cualquier manera le proporcionará información valiosa para quien lo aplica, por lo que los puntajes obtenidos sólo son de interés para él.

En caso de que sean más de siete colaboradores quienes lo responda, guardando la confidencialidad, se pueden integrar y promediar para analizar diferentes orientaciones y tendencias en el estilo de mando en la empresa.

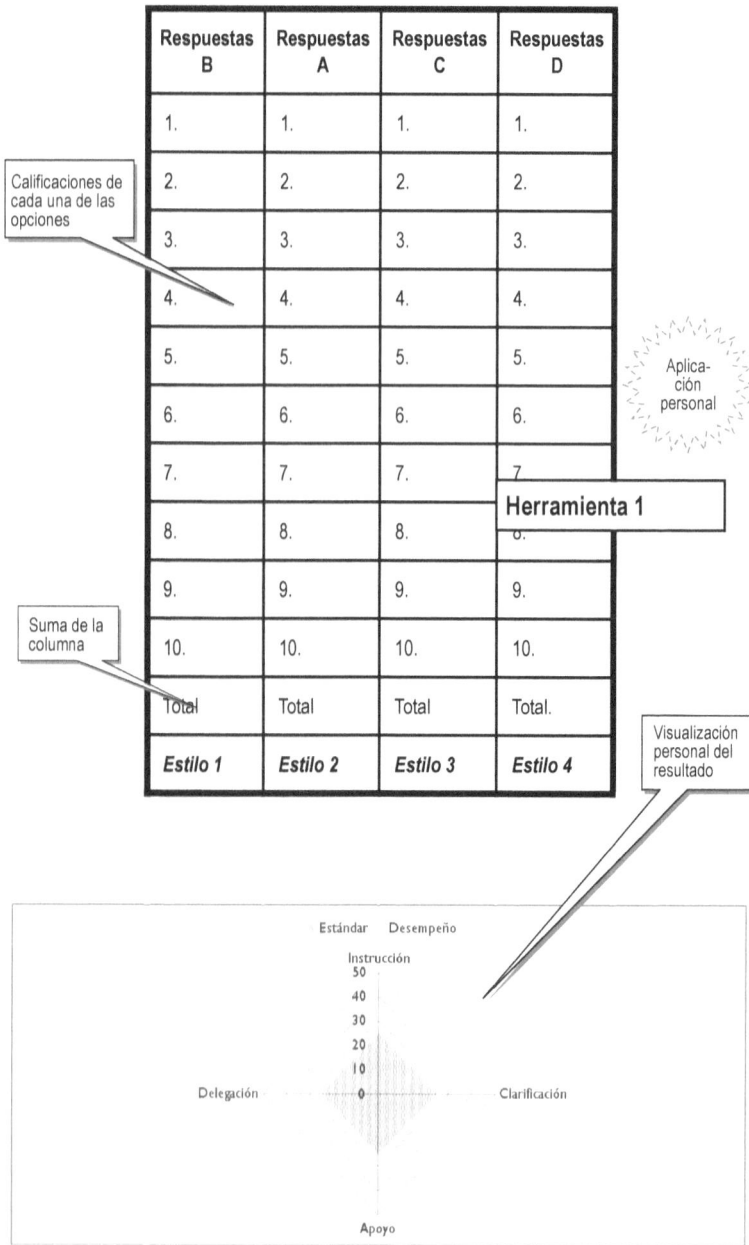

Herramienta I

Reflexión acerca de los resultados obtenidos:

Estilo de instrucción.

Descripción de los
resultados y reflexión
de razones y causas
de los mismos

Aplica-
ción
personal

Estilo de clarificación y/o práctica:

Estilo de apoyo

Estilo de delegación

Herramienta 2

Planeación:	Baja	Intermedia baja	Intermedia alta	Alta
Claridad de misión y contribución a objetivos de la empresa y departamento.				
Objetivos a corto, mediano y largo plazo.				
Estándares del desempeño claro y aceptado.				
Presupuestos de producción, ventas, e insumos detallados.				
Procesos detallados.				

Elegir una de las casillas de cada renglón de acuerdo con la percepción de cada rubro

Aplicación personal

Dominio de la función	Baja	Intermedia baja	Intermedia alta	Alta
Conocimiento de los procesos.				
Conocimiento de los productos específicos del departamento o área.				
Conocimiento de la interdependencia con otros departamentos.				

Capacidad de delegación.	Baja	Intermedia baja	Intermedia alta	Alta
Espacio para la toma de decisiones de los colaboradores.				
Sistema de reconocimiento de esfuerzos y resultados.				
Mejora continua como enfoque en el trabajo.				

Los resultados de los anteriores dos ejercicios pueden ser la fuente de la práctica indicada el primer soporte de la Calidad Sostenida. Una vez que se han realizado de manera personal, utilice la información para clarificar el intercambio de ideas.

Satisfacción:

Me siento satisfecho de:

> Marcar la opción que manifieste mi opinión en cada renglón

> Priorizar a partir de 1 y hasta 15

1. Condiciones de trabajo	Completamente en desacuerdo	Parcialmente en desacuer	rcialmente de acuerdo	completamente de acuerdo	ridad
El lugar de trabajo que tengo asignado.	1	2	3	4	
Los equipos con que cuento para realizar mi trabajo	1	2	3	4	
Las herramientas que me proporciona la empresa para realizar mi trabajo	1	2	3	4	
Las condiciones en que se encuentran los baños que utilizo	1	2	3	4	
Las condiciones en que se encuentran los vestidores que utilizo.	1	2	3	4	
Las condiciones en que se encuentran las áreas en que consumo mis alimentos.	1	2	3	4	
2. Administración de la empresa	Completamente en desacuerdo	Parcialmente en desacuerdo	completamente de acuerdo	Completamente de acuerdo	
La claridad con que se me ha comunicado la misión y visión de mi departamento	1	2	3	4	
La claridad con que se me han comunicado los objetivos de mi departamento y de la empresa.	1	2	3	4	
La información acerca de los resultados y la forma en que yo participo en ellos.	1	2	3	4	
3. Relaciones con el supervisor	Completamente en desacuerdo	Parcialmente en desacuerdo	Parcialmente de acuerdo	Completamente de acuerdo	
La frecuencia con que me comunico con él	1	2	3	4	
La información que recibo acerca del trabajo	1	2	3	4	
El apoyo que manifiesta para solucionar mis problemas de trabajo	1	2	3	4	
El consejo que recibo de parte de él para mejorar.	1	2	3	4	
3. Beneficios y aspectos sociales	Completamente en desacuerdo	Parcialmente en desacuerdo	Parcialmente de acuerdo	Completamente de acuerdo	
El paquete de prestaciones adicionales a mi sueldo.	1	2	3	4	
Las actividades adicionales al trabajo que promueve la organización.	1	2	3	4	

> Aplicación al 100% de la empresa

Herramienta 3

146

Motivación: Marcar la opción que manifieste mi opinión en cada renglón

Contenido del trabajo	Completamente en desacuerdo	~~mente~~ en de~~~~ erdo	Priorizar a partir de 1 y hasta 11	dad
Los trabajos que me toca realizar.	1	2	3	4
La sensación de que cada vez hago las cosas mejor.	1	2	3	4
El actualizarme constantemente en el trabajo que desempeño	1	2	3	4
Contribución.	Completamente en desacuerdo	Parcialmente en desacuerdo	Parcialmente de acuerdo	Completament~~~~ de acuerdo
La forma en que estamos relacionados los diferentes compañeros y departamentos.	1	2	3	4
La forma en que mis resultados contribuyen a la organización.	1	2	3	4
Reconocimiento	Completamente en desacuerdo	Parcialmente en desacuerdo	Parcialmente de acuerdo	Completamente de acuerdo
La utilidad que tiene el trabajo que realizo.	1	2	3	4
La retroalimentación oportuna que recibo acerca de mis resultados.	1	2	3	4
Progreso profesional	Completamente en desacuerdo	Parcialmente en desacuerdo	Parcialmente de acuerdo	Completamente de acuerdo
Lo seguro que me siento trabajando en esta empresa.	1	2	3	4
Los puestos y funciones que puedo desempeñar en esta empresa en el futuro	1	2	3	4
Responsabilidad	Completamente en desacuerdo	Parcialmente en desacuerdo	Parcialmente de acuerdo	Completamente de acuerdo
Las decisiones que puedo tomar en el desempeño de mis funciones.	1	2	3	4
La responsabilidad que tengo de un trabajo oportuno y bien hecho.	1	2	3	4

Aplicación al 100% de la empresa

Utilice los resultados integrados de los cuestionarios de satisfacción y motivación en la práctica en el segundo soporte de la Calidad Sostenida.

Herramienta 3

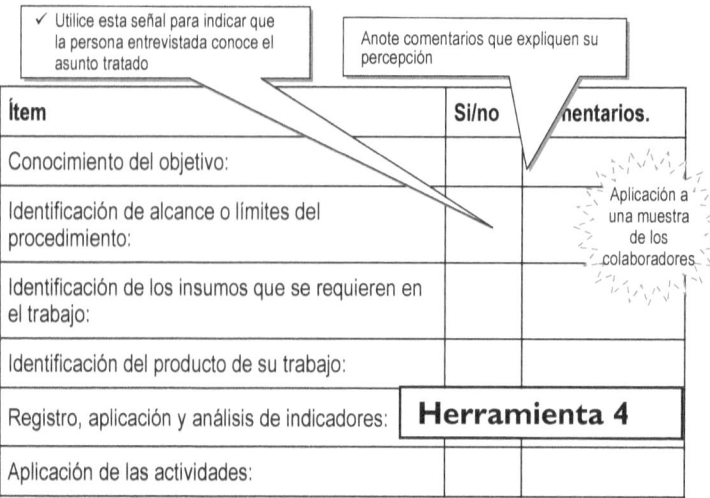

Ítem	Si/no	mentarios.
Conocimiento del objetivo:		
Identificación de alcance o límites del procedimiento:		
Identificación de los insumos que se requieren en el trabajo:		
Identificación del producto de su trabajo:		
Registro, aplicación y análisis de indicadores:	**Herramienta 4**	
Aplicación de las actividades:		

El formato se utiliza para integrar la información relativa al conocimiento y/o dominio de procedimientos operativos. Se aplica en entrevista personal con el responsable de determinado procedimiento, utilizando preguntas tales como:

1. ¿Cuál es el objetivo del procedimiento?
2. ¿Dónde inicia y dónde termina el procedimiento?
3. ¿Qué es lo que necesitas para realizar éste procedimiento?
4. ¿Qué produce la realización del procedimiento?
5. ¿Qué registras y en qué cada vez que lo realizas?
6. ¿Cuáles son las actividades que se deben llevar a cabo?

En cada caso se registra si lo conoce o no y se agregan comentarios al respecto, no es necesario entrevistar a todos los ocupantes de los puestos, bastará con una muestra representativa.

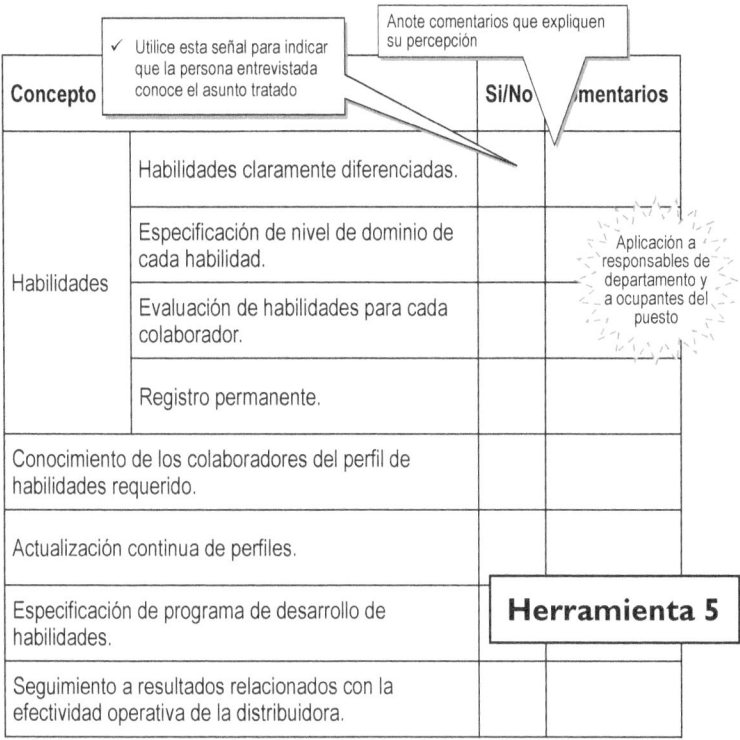

Concepto	Utilice esta señal para indicar que la persona entrevistada conoce el asunto tratado	Anote comentarios que expliquen su percepción	Si/No	mentarios
	Habilidades claramente diferenciadas.			
Habilidades	Especificación de nivel de dominio de cada habilidad.			Aplicación a responsables de departamento y a ocupantes del puesto
	Evaluación de habilidades para cada colaborador.			
	Registro permanente.			
Conocimiento de los colaboradores del perfil de habilidades requerido.				
Actualización continua de perfiles.				
Especificación de programa de desarrollo de habilidades.				**Herramienta 5**
Seguimiento a resultados relacionados con la efectividad operativa de la distribuidora.				

Podría pensarse que el responsable de capacitación debería responder éste cuestionario, nosotros consideramos que lo debe hacer el responsable del departamento y los ocupantes de los puestos.

Considere la inclusión de información existente en la empresa para la reflexión al respecto.

Item		Sí/ no	Comentarios
	Clientes internos		
1	Clientes externos		
	Producto del trabajo		
	Proveedores internos		
2	Proveedores externos		
	Productos que se reciben		
3	Contribución a los objetivos superiores.		
4	Atención a necesidades de compañeros y colaboradores.		
5	Solicitud de apoyo a otros		
6	Respeto a acuerdos		
7	Participación en toma de decisiones		
8	Retroalimentación.		

Aplicación en entrevista individual a muestra de colaboradores representativa solicitando respuesta a las siguientes preguntas:

1. ¿Quiénes son tus clientes y qué les entregas?
2. ¿Quiénes son tus proveedores y qué recibes de ellos?
3. ¿Cuál es tu aportación los objetivos del departamento o de la empresa?
4. ¿Cómo conoces lo que tus compañeros y/o colaboradores necesitan de ti?
5. ¿Cómo solicitas, cuándo lo requieres, apoyo a tus compañeros?
6. ¿Existe respeto a los acuerdos entre los compañeros en la empresa?, ¿Si no se puede cumplir que es lo que haces?
7. ¿Cuál es tu participación en la toma de decisiones?
8. ¿Cada vez que vez que alguien puede mejorar, se lo dices?, ¿y los demás, te dicen en qué puedes mejorar?

Concentra los resultados en el formato..

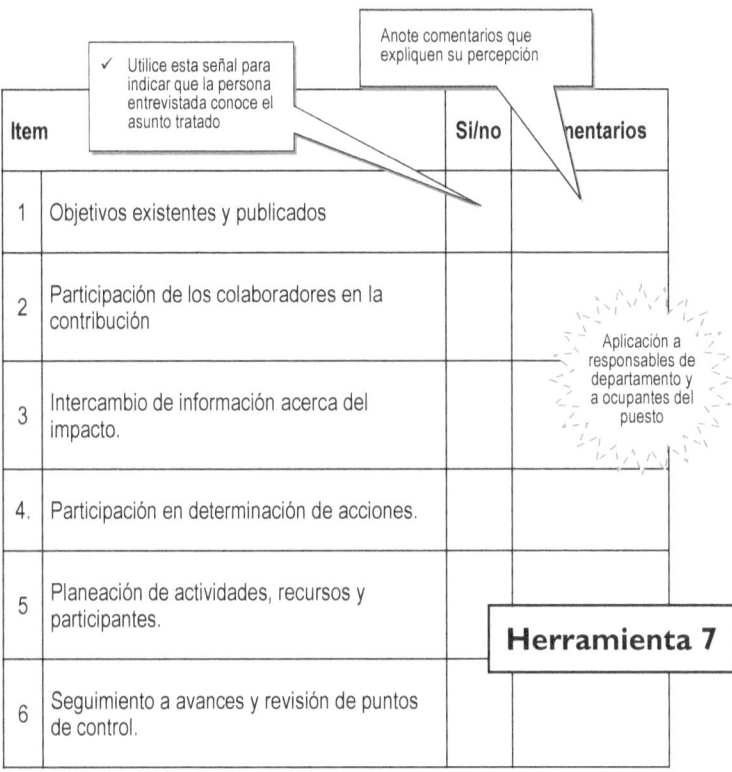

Item		Si/no	Comentarios
1	Objetivos existentes y publicados		
2	Participación de los colaboradores en la contribución		
3	Intercambio de información acerca del impacto.		
4.	Participación en determinación de acciones.		
5	Planeación de actividades, recursos y participantes.		
6	Seguimiento a avances y revisión de puntos de control.		

Respuesta por la cabeza de la empresa y los responsables de función y/o departamento.

Resultado total:

Soporte	Resultado %	Razones	Acciones
Capacidad de compromiso			
Clima laboral			
Existencia de procedimientos			
Capacidades de colaboradores			
Colaboración			
Alineamiento			

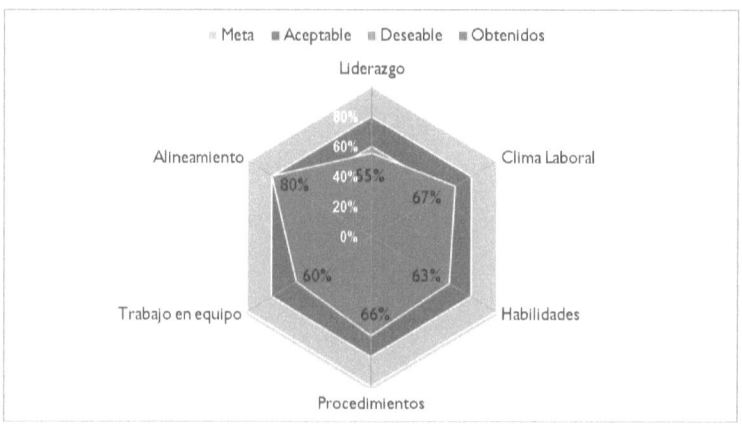

REFERENCIAS

1. **La amistad en la empresa**

   ✓ Carlos Llano

2. **La enseñanza de la dirección y el método del caso**

   ✓ Carlos Llano

3. **La idea psicológica del hombre**

   ✓ Viktor Emil Frankl

4. **Whole Brain Model**

   ✓ Ned Herrman.

5. **"One More Time, How Do You Motivate Employees?"**

   ✓ *'Frederick Irving Herzberg'*

6. *Management of Quality Control*

   ✓ Joseph M. Juran

7. **The Situational Leadership**

   ✓ Paul Hersey

8. **El nuevo directivo racional**

   ✓ Charles Higgins Kepner

   ✓ Benjamín B. Tregoe

www.ingramcontent.com/pod-product-compliance
Lightning Source LLC
Chambersburg PA
CBHW021942170526
45157CB00003B/888